# PSYCHOLOGIE, MORALE, ÉDUCATION

5017. — ABBEVILLE. — TYP. ET STÉR. A. RETAUX. — 1888

# PSYCHOLOGIE

# MORALE, ÉDUCATION

## TRAITÉ COMPLET

SOUS FORME DE SUJETS A TRAITER, PLANS DÉTAILLES, MODÈLES DE DÉVELOPPEMENTS, CONSEILS PRATIQUES POUR LA COMPOSITION,

**A l'usage des Aspirants et Aspirantes au Brevet supérieur et aux Certificats d'aptitude pédagogique, des Candidats au Baccalauréat ès lettres (2e partie) et des Elèves de l'enseignement spécial, de l'enseignement secondaire des jeunes filles et de l'enseignement primaire supérieur,**

PAR

**A. JACQUET,**

AGRÉGÉ DE L'UNIVERSITÉ, DOCTEUR ÈS LETTRES, PROFESSEUR AU LYCÉE HENRI-IV,
PROFESSEUR DE MORALE AUX COURS DE L'HOTEL-DE-VILLE DE PARIS,
LAURÉAT DE L'ACADÉMIE FRANÇAISE.

PARIS

LIBRAIRIE GÉNÉRALE DES EXAMENS

E. FOUCART

ÉDITEUR

45, BOULEVARD SAINT-MICHEL, 45

1890

A
B

# AVANT-PROPOS

Nous nous sommes proposé dans cet ouvrage un double objet :

1° Résumer, dans un cadre essentiellement approprié à la préparation des examens, toutes les notions de psychologie, de morale, de pédagogie exigées par les programmes.

(Brevet supérieur, certificats d'aptitude pédagogique, baccalauréat ès lettres, admission aux écoles normales, etc.)

2° Faciliter aux candidats le travail de la composition française, en les guidant, à l'aide de conseils pratiques et de nombreux exemples, dans la recherche, l'arrangement et l'expression des idées qui doivent former le développement d'un sujet.

C'est donc sous forme de sujets d'exercices, de plans détaillés et de modèles de développement, que sont traitées dans ce recueil toutes les questions qui concernent la psychologie, la morale et l'éducation.

Nous avons consacré une place importante à la psychologie, sans nous engager, bien entendu, dans la discussion approfondie des théories et des systèmes qui divisent les philosophes. Nous nous sommes borné à l'exposition claire et méthodique des notions principales qui trouvent leur application journalière dans la morale et dans la science de l'éducation (1). En effet, presque toutes les questions qui intéressent la morale et la pédagogie sont, pour ainsi dire, résolues d'elles-mêmes, lorsque les vérités psychologiques dont elles dépendent ont été nettement établies (2).

Dans les parties qui traitent de la morale et de l'éducation, nous avons donné tout le développement nécessaire aux questions de principes. Les sujets dont nous avons seulement tracé le plan ou indiqué le texte, sont ceux dont les idées se trouvent implicitement contenues dans l'exposé des notions théoriques.

Enfin, dans la dernière partie, nous proposons aux élèves un certain nombre de sujets tirés des auteurs français indiqués dans les programmes. Ce sera pour les élèves une occasion de revoir les auteurs mêmes dont ces divers sujets sont empruntés.

Nous nous sommes préoccupé surtout de fournir aux candidats les moyens d'appliquer ce qu'ils auront appris.

On sait, en effet, quelle difficulté éprouvent les élèves à mettre en œuvre, dans les petites dissertations qui demandent un effort personnel de réflexion et de jugement, les connaissances qu'ils ont puisées dans leurs études. Ils sont souvent embarrassés et comme déroutés, parce que la question qu'on leur propose s'offre à leurs

(1) « Sous quelque nom que l'on désigne les différentes facultés de l'âme, ce « qu'il importe de distinguer dans tout système psychologique, c'est la part qui « est faite dans l'acte moral à chacune de ces facultés essentielles : intelligence, « sensibilité, volonté. » (O. Gréard, *De la morale de Plutarque*, p. 72.)

(2) « Il n'y a de bonne pédagogie que celle qui repose sur une psychologie « ferme et éclairée. » (O. Gréard, *l'Éducation des femmes par les femmes*, p. 21).

yeux sous un aspect qui leur est moins familier. Alors, faute de comprendre le véritable sujet, ils remplacent le développement précis qu'il réclame par une amplification vague et banale, où se bornent à reproduire, avec une fidélité malheureuse, quelques phrases que leur mémoire a retenues.

Nous nous sommes efforcé de leur aplanir ces difficultés et de les mettre en garde contre ces écarts, en leur montrant comment une question générale peut se transformer dans les applications particulières, quelles expressions diverses elle peut revêtir, enfin avec quelle discrétion judicieuse on doit s'aider, pour développer chaque sujet, de l'enseignement théorique. Les candidats trouveront, sur ce point si important, toutes les indications qui peuvent leur être utiles, dans les *conseils pour la composition* que nous avons placés en tête de cet ouvrage.

Nous croyons que l'élève qui aura lu avec attention les développements contenus dans ce volume, et traité ou, du moins, préparé avec soin la plus grande partie des sujets indiqués, possédera un ensemble de connaissances qui réponde à toutes les exigences des programmes, et sera suffisamment exercé pour affronter dans les conditions les plus favorables les épreuves écrites et orales des examens.

A. J.

# PSYCHOLOGIE

# MORALE, ÉDUCATION

## CONSEILS POUR LA COMPOSITION

Le sujet de la composition vient de nous être dicté ; c'est presque toujours un simple énoncé de deux ou trois lignes. Attachons nous d'abord à en bien saisir le sens, et à nous rendre un compte exact de ce qu'on nous demande. Prendre trop tôt la plume, c'est nous exposer à faire fausse route. Souvent un mot du texte frappe nos oreilles ; il éveille certaines idées dans notre esprit ; ces idées, justes ou non, nous préoccupent aussitôt, nous obsèdent, si je puis ainsi dire, et peuvent nous faire perdre de vue l'ensemble de la proposition. Le seul moyen d'échapper à cet écueil et de bien comprendre la pensée d'un texte, c'est d'y réfléchir attentivement, d'en peser tous les mots, d'examiner avec soin la valeur de chacun d'eux en particulier et celle que lui donne le rapprochement des autres dans la phrase.

Le premier soin qui s'impose à nous est de voir sous quelle forme nous est présentée la question. Tantôt, on nous dit : « *Vous développerez telle maxime...* » C'est comme si l'on nous disait : « Vous n'avez pas ici à discuter le pour et le contre ; « voilà une vérité que personne ne conteste ; efforcez-vous seu-

« lement de la mettre en lumière, de montrer sur quelles « considérations elle peut s'appuyer, et de la rendre sensible, « s'il y a lieu, par quelques exemples bien choisis. » Si l'on nous dit au contraire : « *Vous examinerez* ou *vous apprécierez* « *telle pensée... Que vous semble de telle opinion?... Dans quelle* « *mesure est-il vrai d'affirmer que?...* », on nous avertit que l'opinion sur laquelle on nous demande notre sentiment n'est pas acceptée par tout le monde, qu'elle ne saurait être admise sans réserve, et que nous avons à faire la part de la vérité et de l'erreur. C'est une discussion qu'il s'agit d'établir ; il nous faut exposer les raisons que l'on peut faire valoir dans un sens ou dans l'autre, choisir la solution la meilleure, et motiver nos conclusions. Souvent encore on nous dit : « *Vous expliquerez telle maxime... — Comment entendez-vous telle parole de cet auteur..?* » Cette fois, notre tâche est, dans certains cas, un peu plus délicate ; nous sommes en face d'un sujet qui a besoin d'être interprété. On nous invite à regarder un peu au-delà des mots et à chercher le fond des choses. L'auteur, sans doute, a voulu mettre dans sa pensée de la concision et de la finesse ; mais, sous une forme qui lui est personnelle, et qu'il a essayé de rendre neuve et piquante, il a exprimé quelque vérité générale, familière même, et d'un usage universel ; c'est cette vérité générale qu'il nous faut dégager du texte et faire ressortir.

Quelquefois le travail qu'on nous demande est d'un caractère plus simple. On nous propose comme sujet une question du programme officiel, *une question de Cours*, énoncée dans les termes mêmes du programme. Dans ce cas, le sujet n'est guère embarrassant par lui-même ; n'oublions pas toutefois que l'épreuve écrite est une composition et non une rédaction, et qu'il ne suffit pas de transcrire la leçon du maître ou du livre. Sans doute, les idées que l'enseignement a laissées dans notre esprit doivent être la base de notre travail ; mais c'est à nous de les employer avec discernement, de les classer avec méthode, de es exprimer avec netteté, de prouver enfin que nous nous les sommes assimilées, que nous avons rendu nôtres, pour ainsi dire, les choses que nous avons apprises.

Essayons d'appliquer à quelques sujets de composition ces observations préliminaires.

Je suppose que l'on nous dise :

« *Vous développerez cette pensée de La Bruyère : Il vaut mieux « s'exposer à l'ingratitude que de manquer aux misérables.* »

Il est clair qu'on ne nous charge pas ici d'instruire un procès, ni de trancher un débat. La Bruyère exprime une vérité qui ne saurait être mise en doute. Notre tâche se bornera donc à rassembler les éléments du sujet, c'est-à-dire à rechercher les sources de développement où nous devrons puiser pour justifier la maxime. *S'exposer à l'ingratitude.* — *Manquer aux misérables :* voilà les deux idées qu'il faut envisager successivement, puis opposer l'une à l'autre, pour faire sortir la conclusion de ce rapprochement.

*S'exposer à l'ingratitude.* Il est toujours désagréable d'avoir à faire à des ingrats. On ne peut se défendre d'une impression pénible, quand on rencontre dans la nature humaine un mauvais sentiment, et l'ingratitude est un de ceux qui nous inspirent le plus de répulsion Ce n'est pas tout : notre amour propre, toujours prompt à s'irriter, nous insinue que nous avons cédé trop vite à un mouvement généreux, que nous sommes dupes de notre cœur et que nous plaçons mal nos bienfaits. Sans doute, ce sont là des inconvénients.

*Manquer aux misérables.* Mais d'autre part, devons-nous compter sur la reconnaissance comme sur un salaire ? La charité ne nous oblige-t-elle pas à secourir les hommes parce que ce sont nos semblables, sans mettre un prix à notre assistance ? Irons-nous, dans la crainte, peut-être chimérique, d'un désagrément assez léger, perdre une occasion de nous rendre utiles ? N'est-ce pas nous priver nous-mêmes de la joie la plus douce, de la satisfaction que l'on éprouve à faire le bien, lors même que les bienfaits ne vont pas à la meilleure adresse ?

Comme l'a dit André Chénier :

« Même ingrats, il est doux de faire des heureux. »

Ensuite pour mériter de ne pas mourir de faim, le misérable est-il tenu d'être un modèle de toutes les vertus ? Un homme est-il indigne de pitié, parce que l'habitude du malheur a fait taire dans son âme quelque bon sentiment ? Qui sait enfin quelles conséquences peut entraîner notre refus ? A quelles extrémités pourra se porter celui que repousse notre implacable défiance ? La Bruyère avait donc raison : en s'exposant à l'ingratitude on ne court pas grand risque : si l'on manque aux misérables, on est injuste et méchant.

Il n'y a pas à procéder autrement, si au lieu de nous dire : « *Vous développerez...* » ; on nous dit : « *Vous réfuterez telle maxime...* » Dans une dissertation dont la conclusion doit être négative, le développement des idées peut se ramener facilement aux principes que nous venons de rappeler.

Exemple :

« *Vous réfuterez cette maxime de J.-J. Rousseau: Tout patriote « est dur aux étrangers ; ils ne sont qu'hommes; ils ne sont rien « à ses yeux.* »

Il n'y a pas ici de question à débattre ; on peut admettre sans discussion que l'opinion de J.-J. Rousseau est fausse. C'est à nous de le prouver.

Eh ! quoi ! le patriotisme est-il donc incompatible avec l'amour de l'humanité ? Sans doute, le patriote ne fait pas profession d'être cosmopolite et d'aimer tout le monde indistinctement, ce qui est souvent une façon de n'aimer personne. Il est attaché à sa patrie par instinct et par devoir ; il la sert avec ardeur, il se dévouera au besoin pour elle ; ainsi le veut la nature, ainsi l'ordonne la loi morale. Mais le patriotisme n'exclut ni les autres sentiments légitimes, ni les devoirs généraux de la vie sociale. « *Les étrangers ne sont qu'hommes ; ils ne sont rien aux yeux du patriote* » dit J.-J. Rousseau. Bien loin de là ! Le patriote aimera les hommes par cela même qu'ils sont hommes, parce qu'ils ont la même nature que lui, la même fin morale, parce que ce sont ses semblables, ses frères, bien qu'on ait un peu abusé de l'expression. Il ne pourra, quoiqu'il fasse, étouffer dans son cœur le sentiment de sympathie qui l'unit à tous les membres de la famille humaine. Il partagera leurs émotions, il s'affligera de leurs misères ; il leur tendra, par delà les frontières qui le séparent d'eux, une main secourable. A la guerre même, il leur épargnera, dans la mesure du possible, les souffrances et les humiliations. Mais ce n'est pas tout : est-ce vraiment agir en patriote, que d'être dur aux étrangers? Ne sert-on pas mieux sa patrie en la faisant aimer, en donnant aux étrangers avec qui l'on se trouve en rapport une idée favorable de la nation dont on fait partie ? Supposons un peuple chez lequel tous les patriotes soient tels que le prétend J.-J. Rousseau. De quel œil le regarderont ses voisins ? Que de haines il sèmera autour de lui ! A quel funeste isolement il se condamne ! A quelles terribles représailles il s'expose, le jour où ceux qu'il a irrités seront devenus les plus forts! Voilà, certes, un patriotisme bien imprévoyant! On pourrait ajouter que l'homme qui est dur aux étrangers le sera également pour ses concitoyens. Partout, dans la vie politique, il fera sentir son esprit étroit et exclusif; il y portera même, à l'occasion, les farouches passions du sectaire. L'histoire, il est vrai, fournissait à J.-J. Rousseau d'assez nombreux exemples à l'appui de sa thèse. Certains peuples de l'antiquité ont sacrifié souvent à la patrie les devoirs de l'humanité. Les Romains n'ont pas reculé devant l'emploi de moyens injustes et barbares pour assurer leur empire; tout étranger était pour eux un ennemi; mais ce sont là des préjugés d'un autre âge. De nos jours, la conscience publique réprouve les haines de peuple à peuple, et flétrit les actes d'injustice et de cruauté que peut conseiller un patriotisme mal entendu. Donc, l'opinion de J.-J. Rousseau est fausse, et nous devons la rejeter au nom de la morale et de l'humanité.

Prenons maintenant pour objet d'étude une pensée qui prête au doute et à la discussion, et voyons de quelle manière il convient de traiter le sujet.

« *Approuvez-vous sans réserve, dans le* Misanthrope *de*
« *Molière, cette maxime d'Alceste :*

« *Je veux que l'on soit homme, et qu'en toute rencontre*
« *Le fond de notre cœur dans nos discours se montre.* »

Alceste veut que l'on soit homme, c'est-à-dire que l'on soit sincère. Les vains compliments, les embrassades, les protestations frivoles et mensongères des gens du bel air, qui font des offres de service à tout le monde et qui ne servent personne, excitent dans son âme une indignation qui semble assez justifiée. Sans doute, l'on doit penser tout ce que l'on dit; on doit même, au risque de déplaire, dire ce que l'on pense, lorsque la justice et l'honneur sont en cause; c'est la probité qui l'exige. Mais il ne s'en suit pas qu'il faille dire en toute rencontre et à tout venant des vérités désagréables. Complimenter la belle Émilie sur la blancheur de son teint, ou Dorilas sur sa bravoure et sur l'éclat de sa race, serait d'un flatteur maladroit ou d'un railleur impertinent; mais on n'est pas tenu de faire sentir à l'une ni à l'autre le ridicule de leur conduite. On doit s'abstenir, autant qu'on le peut, de froisser les sentiments d'autrui. Sans cette sage discrétion, que deviendraient la sûreté et l'agrément des relations sociales? Si les hommes se disaient en face tout ce qu'ils pensent les uns des autres, ils en arriveraient vite à s'égorger. Mieux vaut, dans bien des cas, un silence indulgent, une réserve de bon goût, qui tient de la politesse et de la charité. La franchise brutale, qui ne ménage rien, vient plus souvent de l'étourderie et de la malveillance que d'un sincère désir de guérir les défauts du prochain. On ne corrige guère les hommes en les blessant au vif dans leur amour-propre. C'est, d'ailleurs, une bien grosse affaire que de vouloir réformer le monde. Il faut être bien sûr de soi-même, de sa clairvoyance, de son impartialité, pour s'ériger en censeur des vices et des ridicules. A coup sûr, c'est un dangereux métier; c'est un moyen de se rendre insupportable et de perdre tout droit à cette indulgence réciproque dont les plus sages ont besoin. Ce qui prouve, du reste, que les maximes d'Alceste heurtent non seulement *notre siècle et les communs usages,* comme dit Philinte, mais le bon sens et la nature, c'est qu'Alceste lui-même éprouve quelque peine à les mettre en pratique. Au début de son entretien avec Oronte, il s'astreint aux convenances de la société, parce que ses habitudes d'homme bien élevé tiennent quelque temps en bride son emportement naturel; il n'éclate qu'au moment où la sottise et la fatuité de son interlocuteur échauffent par trop sa bile. On ne saurait donc accepter sans réserve la maxime en question.

Quand le sujet a besoin d'être interprété, et qu'on nous charge d'expliquer telle ou telle pensée, ne croyons pas qu'on veuille nous tendre un piège. Il s'agit, comme je l'ai dit plus haut, d'une vérité de tous les jours qui présente dans l'expression quelque chose d'ingénieux et d'inattendu. Avec un peu de réflexion, cette vérité nous apparaîtra dans toute sa simplicité, et nous n'aurons plus qu'à la développer.

Exemple :

« *Vous expliquerez cette maxime de La Rochefoucauld :*

« *L'amour-propre est le plus grand de tous les flatteurs.* »

Qu'est-ce que l'amour-propre ? un penchant naturel qui nous porte à nous aimer nous-mêmes, et, par suite, à nous juger favorablement. Qu'est-ce qu'un flatteur ? L'homme qui nous vante nos qualités en les exagérant, qui nous en prête d'imaginaires, qui sait même, au besoin, nous faire un mérite de nos défauts. Entre les deux idées le rapport est facile à saisir : ce qu'un flatteur nous dirait, nous nous le disons à nous-mêmes. Voilà une pensée bien commune, et qui ne mériterait guère de trouver place dans le recueil de La Rochefoucauld. Mais examinons le texte de plus près, et nous verrons que la phrase contient autre chose.

L'amour-propre est non seulement un flatteur, mais *le plus grand de tous.* Pourquoi ?

1. D'abord, c'est pour nous le flatteur le plus assidu et le mieux informé,

puisqu'il est inséparable de notre personne. Rien ne lui échappe de ce qui nous touche ; il est toujours là pour nous louer de nos succès et nous consoler de nos échecs, en expliquant le tout à notre avantage.

2. C'est un flatteur dont la sincérité ne nous inspire aucun doute. Nous pouvons nous défier des autres ; nous ne nous défions pas de nous-mêmes.

3. C'est de tous les flatteurs le plus habile. Il peut arriver qu'un autre prenne mal son temps pour nous flatter, et que ses compliments nous importunent, parce qu'ils répondent mal à nos préoccupations du moment. Les flatteries de l'amour-propre viennent toujours à propos, au moment où on les souhaite, et par cela même sont toujours bien accueillies.

4. Un autre ne saura jamais aussi bien que nous-mêmes quelles sont celles de nos qualités, réelles ou supposées, dont l'éloge nous est le plus sensible. Notre amour-propre seul est dans le secret de nos préférences et des illusions qu'il nous plaît d'entretenir.

5. Enfin, l'homme qui nous flatte ne nous dira jamais de nous autant de bien que nous en pensons nous-mêmes. Quelque éloge qu'il nous fasse de nos mérites, il ne nous apprend rien de nouveau, et la plus légère restriction qu'il apporte à ses louanges nous cause presque toujours une déception.

Mais le plus souvent le texte d'un sujet à expliquer ne présente aucune difficulté d'interprétation. La pensée est exprimée en termes très simples, qui ne renferment ni sens caché, ni sous-entendu. On nous invite seulement à insister sur les raisons qui en démontrent la justesse. Tel est, par exemple, le sujet suivant :

« *Vous expliquerez cette pensée :*

« *Une vérité qu'on nous dit nous fait plus de peine que cent que nous nous dirions à nous-mêmes.*

L'expression, comme on le voit, ne laisse rien à deviner. Voilà une vérité que l'expérience confirme tous les jours. C'est bien là ce que nous éprouvons tous : nous consentons sans trop de peine à nous dire nos vérités à nous-mêmes ; nous n'aimons pas qu'un autre nous les dise Pourquoi ?

1. D'abord, l'homme qui nous fait remarquer nos défauts prend sur nous un certain avantage. En s'arrogeant le droit de nous reprendre, ou simplement de nous conseiller, il se donne à lui-même le beau rôle. Il s'élève et nous abaisse ; il triomphe en nous humiliant.

2. En nous disant une vérité désagréable, on nous ôte une illusion. Nous

avions espéré jusque-là que nos faiblesses ne seraient connues que de nous ; et voilà qu'une main étrangère les découvre et les étale au grand jour ! Ainsi, rien ne nous sert de dissimuler : un regard trop clairvoyant a pénétré les secrets de notre conscience ! Les autres lisent dans notre âme aussi bien que nous-mêmes ! Nous sommes désormais à la merci de la malveillance ou de l'indiscrétion.

3. Quand nous nous avouons un défaut à nous-mêmes, nous n'oublions *rien de ce qui peut l'excuser*. Nous avons une façon très aimable de nous dire les choses ; souvent même notre vanité trouve son compte dans cet aveu. On rejette la faute sur les circonstances ; on s'en prend à la nature, à l'éducation, à la société. On a bien soin de mettre en regard du défaut qu'on se reconnaît les qualités qui le rachètent. Et, d'ailleurs, les autres valent-ils mieux que nous ? On peut être modeste quand on se considère ; on est fier quand on se compare. Nous avons ainsi au service de notre amour-propre une foule de compensations flatteuses dont ne s'avisent pas toujours ceux qui nous disent nos vérités.

Il arrive assez souvent qu'on indique aux candidats, en leur dictant le texte de la composition, le nom de l'auteur, l'ouvrage, l'endroit même d'où est tiré le texte qui sert de matière. Dans ce cas, il peut être utile, pour mieux pénétrer le sens et l'intention du passage, de se rappeler, d'une manière générale, ce que l'on sait de l'auteur, de son caractère, de ses doctrines. Presque toujours, chez les auteurs qui se sont occupés de la morale et de l'éducation, les idées particulières se rattachent à quelques vues essentielles qui forment un système et dominent tout le reste. Si l'on veut replacer dans son véritable jour la pensée isolée qui nous est proposée comme sujet d'étude, il faut avoir sous les yeux l'ensemble dont elle fait partie, et dont elle dépend d'une manière plus ou moins étroite. L'époque où l'auteur a vécu, les circonstances au milieu desquelles son génie s'est développé, son tour d'esprit particulier, expliquent son œuvre toute entière dans son ensemble et dans ses détails. Grâce à ces considérations plus étendues, à cés rapprochements logiques, on saisit mieux la portée de telle ou telle pensée prise à part, et l'on arrive plus facilement à démêler ce qu'elle peut contenir de vrai, d'inexact ou d'exagéré.

Si l'on nous dit par exemple :

*Que pensez-vous de cette pensée de Pascal :*

« *Quelle vanité que la peinture qui attire l'admiration par la ressemblance*
« *des choses dont on n'admire pas les originaux !* »

En réfutant l'opinion de Pascal, il y a lieu de se demander pourquoi la peinture ne trouve pas grâce devant lui. Comment expliquer cet injuste dédain pour un art qui charme le goût et l'imagination, qui nous apprend à goûter les belles choses, et qui nous fait entrevoir, derrière les formes réelles et sensibles, la perfection idéale ? C'est que Pascal est élève de Port-Royal. Ne sent-on pas ici l'austère et rigoureuse discipline du jansénisme, la doctrine de *la voie étroite*, doctrine qui condamnait comme des vanités ou comme des crimes, les talents, les arts, les sciences, les vertus mondaines ?

Que l'on nous propose cet autre sujet :

« *Prendrez-vous pour règle de conduite l'exemple de Mon-*
« *taigne, qui dit de lui-même :*

« *Je n'ai pas corrigé, comme Socrate, par la force de la raison, mes com-*
« *plexions naturelles ; je me laisse aller comme je suis venu : je ne combats*
« *rien ; mes deux maîtresses pièces vivent de leur grâce en sain et bon accord.* »

Assurément, la réponse ne saurait être douteuse. Non, l'exemple de Montaigne ne peut pas nous servir de règle. Nous devons travailler de toutes nos forces à nous perfectionner nous-mêmes et à diriger nos inclinations vers le bien. Le sujet n'offre donc aucune difficulté. Toutefois, en le traitant, on se sentira plus à l'aise, et, pour ainsi dire, moins dépaysé, si on se rappelle comment s'est écoulée l'enfance de Montaigne et quelle éducation il a reçue, éducation qui était on ne peut mieux appropriée à sa féconde et délicate nature. Dans l'atmosphère de liberté et de bonheur où il a grandi, ses qualités originales et naïves ont pu s'épanouir sans contrainte. Mais une telle éducation ne saurait convenir à tout le monde. Il y aurait grand péril pour le commun des mortels à se laisser aller comme on est venu, et à garder envers ses « deux maîtresses pièces » une sorte de neutralité bienveillante. Montaigne lui-même n'a pas échappé aux effets de ce doux et placide nonchaloir. S'il eut été moins préoccupé de « vivre mol-« lement la vie pour en jouir au double des autres » il aurait porté dans l'accomplissement de ses fonctions de maire de Bordeaux, une « affection moins languissante » et il n'aurait pas abandonné son poste au moment d'une épidémie, en laissant pour adieu à ses concitoyens une lettre qui fait peu d'honneur à sa mémoire.

Cette observation peut s'appliquer à un grand nombre de sujets. Que l'on nous demande notre avis sur telle ou telle pensée tirée d'un ouvrage classique, notre tâche deviendra plus facile si nous nous reportons à l'ouvrage même, pour chercher dans nos souvenirs une sorte de commentaire de la question. C'est surtout, comme je l'ai dit, quand il s'agit des philosophes, des *moralistes* et des *pédagogues*, que ces *rapprochements* peuvent être utiles. Chez J.-J. Rousseau, par exemple, combien d'opinions fausses ou paradoxales s'expliquent d'elles-mêmes si l'on remonte au principe fondamental de ses théories : « Tout « est bien sortant des mains de l'auteur des choses, tout dégé- « nère entre les mains de l'homme ! »

C'est donc en examinant de près le texte lui-même que l'on évitera de s'égarer et de se donner beaucoup de peine pour disserter sur ce qui *n'est point en question*. Je dirai plus : l'étude attentive, sévère, minutieuse, des mots du texte pourra, dans certains sujets, nous mettre sur la voie des développements et nous tracer même quelquefois le plan de notre composition.

Prenons, par exemple, les deux sujets suivants :

1. *Développer cette pensée de Fénélon :*

« *Nous n'avons que notre volonté qui nous appartienne; tout le reste n'est* « *point à nous.*

2. *Expliquer cette parole :*

« *Pouvoir vivre avec soi-même, et savoir vivre avec les autres, c'est là toute* « *la science de la vie.* »

Dans le premier sujet, n'est-il pas clair que les mots *tout le reste* résument une partie des idées qui doivent entrer dans le développement? Il ne suffira donc pas de définir la volonté, de dire que nous sommes toujours libres de vouloir ou de ne pas vouloir, et que dans cette liberté, qui fait de l'homme un être responsable, réside toute la dignité de la personne humaine. Il faut montrer de plus que *le reste* n'est point à nous : *le reste*, c'est-à-dire la santé, la richesse, les dignités, les talents. Ce sont là des biens qu'il ne dépend pas de nous d'obtenir ou de conserver.

Dans le second sujet, il y a deux mots sur lesquels il est nécessaire de s'arrêter : *pouvoir, savoir*. Si l'auteur écrit avec précision, et nous n'avons aucune raison de supposer le contraire, là où il emploie deux mots, il exprime deux idées différentes. Dans cette différence d'expression est implicitement contenue une partie du développement. Que faut-il pour *pouvoir* vivre avec soi-même ? Il faut accomplir les devoirs que la morale désigne sous le nom de devoirs individuels. L'homme dont la conscience est tranquille, dont l'intelligence est occupée de nobles objets, dont le cœur est ouvert à tous les généreux sentiments, dont la volonté est ferme et persévérante, n'aura pas sujet d'être mécontent de lui-même, et, par suite, ne se déplaira point dans sa propre société ; il n'aura pas besoin de chercher ailleurs une diversion à ses remords, ou une distraction à ses ennuis. Suivant le mot d'un philosophe ancien, *il jouira de son âme*. C'est là le prix de l'effort personnel, de l'énergie, de l'empire sur ses passions. Telles sont les qualités dont l'idée est contenue dans le mot *pouvoir*. Dans nos rapports avec les autres, ces qualités ne suffisent plus. Ici, ce n'est pas assez de *pouvoir*, il faut *savoir*. La connaissance des hommes, l'usage du monde, l'art de parler et de se taire à propos, le sentiment et le respect des convenances, le tact, la délicatesse, voilà ce qu'il faut apporter dans les relations sociales, si nous voulons que les autres soient aussi contents de nous que nous pouvons l'être nous-mêmes. C'est là toute une science, à laquelle ne suppléeront jamais les austères vertus du stoïcisme. Alceste *pouvait* vivre avec lui-même ; il ne *savait* pas vivre avec les autres. Philinte *savait* vivre avec les autres ; je ne suis pas sûr qu'il aurait toujours *pu* vivre avec lui-même.

Quand nous nous sommes ainsi bien rendu compte de la nature, des ressources et des difficultés du sujet, il est nécessaire de rassembler les souvenirs que nous ont laissés nos études. La plupart des sujets qui peuvent nous être proposés, quelque multiples qu'ils soient, se rattachent aux questions du programme. Il est évident que, si l'on ne possède pas les notions générales qui doivent former pour le candidat comme un bagage indispensable, on ne sera guère plus en état de traiter un sujet particulier de morale et d'éducation que de résoudre un problème de géométrie si l'on ignore la géométrie. C'est ici surtout que l'on peut dire avec Buffon que « nos connaissances « sont les germes de nos productions » Voyons maintenant comment il convient d'user de ces secours que fournit aux candidats une préparation consciencieuse.

Il nous faut tout d'abord faire un choix parmi les notions théoriques que nous avons puisées dans les cours de l'année, examiner quelles sont celles qui se rapportent directement au sujet, et les faire entrer dans notre travail avec mesure et discrétion, en les modifiant au besoin pour les approprier au développement. Chaque sujet représente comme un point de vue particulier sous lequel on examine une question de principe; c'est à ce point de vue que nous devons nous placer, en limitant soigneusement le terrain sur lequel nous sommes appelés à nous mouvoir. Or, il arrive trop souvent aux candidats qui sont le mieux préparés, d'être embarrassés des secours qu'ils apportent avec eux. Faute de circonscrire nettement leur sujet, et de bien distinguer par quel côté il touche aux idées générales dont leur mémoire est pourvue, ils se laissent entraîner à dire tout ce qu'ils savent sur tel ou tel article du programme, au lieu de faire une sorte de triage parmi leurs souvenirs et d'éliminer tout ce qui est étranger à la question spéciale qu'ils ont à traiter. Prenons quelques exemples.

Dans les cours de morale que les candidats ont suivis, on leur a parlé du travail; on leur a dit que le travail est pour la plupart des hommes une nécessité, pour tous un devoir et une condition essentielle de moralité et de bonheur. Supposons qu'on leur donne à traiter quelques-unes de ces questions particulières qui se rapportent à la question générale du travail:

1. *Expliquer ce mot de Franklin :*

*« L'oisiveté ressemble à la rouille ; elle use plus vite que le travail. »*

2. *Expliquer ce mot de Diderot :*

*« Le travail, entre autres avantages, a celui de raccourcir les jours et « d'étendre la vie. »*

3. *Expliquer cette parole du savant Cuvier :*

« *De toutes les espèces d'animaux nuisibles, je n'en connais pas de plus* « *dangereuse que l'espèce des oisifs.* »

Devrons-nous à propos de chacun des sujets que nous venons d'indiquer, traiter complétement la question du travail, et reproduire exactement tout ce qu'on a pu nous en dire dans le cours de nos études ? Ce serait peut-être faire preuve de mémoire, mais non de jugement. N'est-il pas évident que le travail est considéré ici sous des aspects différents, et que, dans chacun des trois sujets, il y a un point particulier sur lequel il faut appuyer ? Aidons-nous de ce que nous avons appris, sans vouloir étaler mal à propos tout ce que nous savons.

Dans le premier sujet, il ne s'agit pas de discuter, d'une manière vague et banale, sur le travail, sur les effets du travail et de l'oisiveté, mais d'insister sur quelques-uns de ces effets. Efforçons-nous de démontrer, en développant l'ingénieuse comparaison de Franklin, que l'oisiveté use le corps et l'âme, de même que la rouille oxyde le fer. « Une clef dont on « ne se sert pas ne demeure pas longtemps claire » dit encore Franklin. Faute d'exercice, les membres ne tardent pas à s'alourdir, à perdre leur vigueur et leur souplesse. Loin d'épuiser les forces du corps, le travail, quand il est régulier et modéré, les entretient et les augmente. La maladie a plus de prise sur le paresseux que sur l'homme actif. On succombe vite sous

« Le pénible fardeau de n'avoir rien à faire. »

Quant à l'intelligence, qui peut douter que, sans le travail, ses plus belles qualités restent stériles ?

Dans le deuxième sujet, si nous ne voulons négliger aucun des éléments de la question, nous aurons à mentionner rapidement les avantages généraux du travail, puisque le texte dit : « *entre autres avantages.....* » Mais il y a deux idées sur lesquelles nous devons tout particulièrement insister : 1°. *Le travail raccourcit les jours.* Il est facile de montrer que la journée semble longue à qui ne fait rien. 2°. *Le travail allonge la vie.* La longueur de la vie ne doit pas se mesurer au nombre d'années qui la composent, mais aux œuvres qui la remplissent. Celui-là a vécu longtemps, qui a vécu beaucoup, c'est-à-dire qui a beaucoup pensé, beaucoup senti, et surtout qui a beaucoup fait pour se rendre utile aux autres et pour se perfectionner lui-même. Comme l'a dit J.-J. Rousseau. « Vivre, ce n'est pas « respirer, mais agir ; c'est faire usage de nos organes, de nos facultés, de « toutes les parties de nous-mêmes qui nous donnent le sentiment de notre « existence. »

Dans le troisième sujet, il s'agit des ravages exercés au sein de la société par cet animal parasite qu'on appelle l'oisif. Gardons-nous ici de trop nous attarder au développement de cette vérité banale : l'oisiveté est la mère de tous les vices. On nous demande surtout de faire voir comment l'oisif est dangereux pour les autres. D'abord, il ne rend à la société aucun des services qu'il en reçoit. Loin de là, il donne un mauvais exemple : la paresse, comme le bâillement, est contagieuse. L'oisif trouble l'ordre intellectuel et moral par le spectacle même de son inertie. Pour échapper à l'ennui, il se jette dans les plaisirs et devient un objet de scandale. Enfin, comme il ne sait pas apprécier la valeur du temps, de ce temps qui nous échappe sans qu'on en puisse réparer la perte, il ne se fait aucun scrupule d'importuner les autres et de les arracher à leurs occupations ; il leur impose la gêne de sa présence, de ses futiles entretiens, de son encombrante personnalité.

Quand nous avons fait un choix judicieux parmi les matériaux que nous ont fournis nos études antérieures ; quand nous avons à l'aide de nos souvenirs et de nos réflexions personnelles, trouvé les idées qui doivent entrer dans le développement, il nous reste à les mettre en ordre, à nous tracer un plan et à le suivre. Je ne répéterai pas ici tout ce qu'à dit Buffon sur la nécessité d'un plan ; je voudrais seulement montrer comment les sages conseils que l'auteur du *Discours sur le style* donne aux écrivains peuvent s'appliquer aux sujets d'un genre modeste et restreint que les candidats ont à traiter.

Les petites dissertations qu'on leur demande doivent renfermer trois ou quatre idées principales qui forment un tout et qui soient distinctes les unes des autres. Chacune de ces idées sera développée dans un paragraphe particulier ; ce sera l'objet d'un *alinea*. Une place pour chaque chose et chaque chose à sa place ; telle est la condition de l'ordre dans la composition comme partout ailleurs.

Je suppose que le candidat soit placé en face de cette matière :

*Développer cette pensée de Bourdaloue :*

« *La médisance nuit également à celui qui médit, à celui dont on médit, et* « *à celui devant qui l'on médit.* »

Il y a dans ce sujet une idée générale : la médisance est toujours nuisible ; mais cette idée générale se divise elle-même en trois idées particulières : les effets de la médisance sont également funestes :

1. *A celui qui médit.* D'abord, le médisant se fait dans le monde une fâcheuse réputation ; on se défie de lui, on le craint, on l'évite. On le juge lui-même aussi sévèrement qu'il juge les autres. De plus, il nourrit volontairement dans son âme des sentiments que la morale réprouve, la malveillance et l'envie. Il manque aux devoirs que prescrit la charité.

2. *A celui dont on médit.* La médisance lui fait perdre un des biens les plus précieux, l'estime d'autrui.

3. *A celui devant qui l'on médit.* La médisance excite chez ceux qui l'écoutent des sentiments de malveillance, d'injustice, de misanthropie ; elle leur rend la vertu suspecte ; elle réprime les élans de leur générosité ; elle tarit dans leur cœur la source de ces douces et consolantes affections qui rendent l'accomplissement du devoir plus facile. Elle risque même de les corrompre, en leur laissant croire que certains défauts dont ils s'étaient gardés jusque-là sont plus répandus qu'ils ne le pensaient, et que l'exemple d'autrui serait au besoin pour eux-mêmes une excuse toute prête.

Ici, comme on le voit, la matière nous indique elle-même la marche à suivre. Elle nous fournit l'objet de notre travail ; elle en marque les principaux points ; elle les met à la place qu'ils doivent occuper ; elle ne demande plus qu'une chose, c'est que le plan qu'elle nous trace soit fidèlement exécuté, c'est-à-dire régulièrement développé dans toutes ses parties.

Mais il est rare que le plan nous soit ainsi tracé par la matière ; le plus souvent, c'est un travail dont nous devons nous charger nous-mêmes. Avec un peu d'attention, quand on a examiné de près les idées essentielles au sujet, quand on les a comparées et subordonnées, on arrive sans beaucoup de peine à les ranger dans l'ordre le plus convenable. Là où certains élèves éprouvent de la difficulté, c'est quand il s'agit de suivre le plan qu'ils se sont fait. Tantôt, dans un premier paragraphe, ils entament, pour ainsi dire, ce qui doit être réservé pour les suivants ; tantôt, dans les paragraphes qui suivent, ils reprennent une idée dont le développement semblait logiquement épuisé dans ceux qui précèdent. A tout moment ils s'écartent de la ligne en laissant leur plume aller au hasard. Gardons-nous d'accepter ainsi, sans réflexion et sans choix, toutes les pensées qui se présentent à nos yeux dans le cours de notre travail. Suivant le précepte d'un ancien, on doit « dire d'abord ce qui « doit être dit d'abord, et laisser le reste pour y revenir à propos. » Quand un point est traité, passons au suivant, en évitant les répétitions oiseuses qui fatiguent l'esprit du lecteur, entravent la marche du développement et détruisent l'unité et les proportions de l'ouvrage.

Il y aurait un grave inconvénient, comme on peut le voir, à prendre trop tôt la plume, avant d'avoir suffisamment réfléchi; mais, en revanche, lorsque le sujet est bien étudié, lorsque nos idées sont réunies et classées, ne craignons pas d'entrer immédiatement en matière, en écartant tout préambule étranger à la véritable question. Les considérations générales que l'on se croit obligé de placer, comme une sorte d'exorde, en tête du développement, ne font que l'embarrasser et l'obscurcir. Ce que Boileau dit de la tragédie :

> Le sujet n'est jamais assez tôt expliqué.

peut s'appliquer avec autant de raison à nos modestes travaux. Il faut que, en lisant les premières lignes de notre composition, on comprenne aussitôt et sans peine quel est le sujet que nous traitons et de quelle manière nous nous proposons de le traiter. Mais ce n'est pas tout encore : lors même qu'on reste dans la question, il faut encore savoir ménager son temps et ses forces, donner à chaque partie l'étendue et le soin qu'elle exige, et ne pas s'arrêter plus qu'il n'est utile sur le commencement, que l'on est naturellement disposé à soigner aux dépens du reste. Dans la composition, qui doit former un ensemble de pièces bien assorties, rien ne peut être sacrifié.

Il me reste à dire un mot du style qui convient à la dissertation. Mon intention n'est pas de répéter ici les divisions, les définitions, les exemples, que l'on trouve dans tous les traités de littérature. J'aime à croire que ceux qui affrontent les épreuves de l'examen savent exprimer leurs idées d'une manière claire et précise, qu'ils connaissent le sens des mots qu'ils emploient, qu'ils possèdent enfin les notions élémentaires de l'art d'écrire. Autrement, leur préparation serait défectueuse. Je me bornerai donc à quelques observations d'un caractère tout pratique.

On n'exige pas des candidats, surtout dans les compositions de morale et de pédagogie, des qualités de style brillantes et originales. A coup sûr, on ne peut que féliciter celui qui se distingue par ce genre de mérite, et les juges lui en tiennent grand compte. Mais ils se contentent à moins ; il leur suffit que le candidat sache bien ce qu'il veut dire, et qu'il le dise convenablement. L'emphase, le fracas des grands mots, les ornements affectés font partout mauvais effet, mais surtout dans la dissertation philosophique. La philosophie a des grâces austères qui consistent dans la clarté, le bon sens et la force. Une noble simplicité lui sied mieux que le faste oratoire. Ainsi, gardons-nous de déclamer ; ajouterai-je : gardons-nous de *prêcher* ? N'allons pas croire qu'il faille nécessairement, parce que nous traitons un sujet de morale, prendre le ton de l'homélie, ou tonner, comme si nous étions en chaire, contre les vices de l'humanité. On peut parler de la morale, du devoir et de la vertu, sans enfler la voix et sans paraître morigéner le lecteur. En France, les grands maîtres de la philosophie, lors même qu'ils abordent les questions les plus hautes, ont toujours un air simple et naturel qui surprend et qui ravit. Ils se servent, pour exprimer leurs idées, de la langue de tout le monde ; seulement, ils s'en servent mieux que les autres.

Il ne faudrait pas se figurer non plus qu'on doive écrire absolument comme on parle. Un des défauts qui m'ont toujours le plus frappé dans les compositions des élèves, c'est le mélange indiscret des termes pompeux et des locutions vulgaires et même triviales. Rappelons-nous bien que le langage de la conversation n'est pas le style écrit. Les discours que l'on entend et que l'on tient dans la vie usuelle ont un caractère de familiarité, un laisser-aller, des négligences enfin qui seraient déplacées dans une composition.

Il est un dernier point sur lequel j'appellerai l'attention des candidats, c'est la ponctuation. Une ponctuation exacte rend plus facile la lecture de la copie ; elle épargne à celui qui doit la corriger des incertitudes, des tâtonnements, qui le troublent et l'impatientent. Elle met la phrase dans tout son relief, et lui donne un aspect de régularité, de bon ordre et de logique qui prévient en faveur de l'auteur. C'est l'indice d'un esprit méthodique et réfléchi. Celui qui se rend bien compte de la valeur des idées, de leur importance relative, du sens des mots et de leur rôle dans la phrase, est naturellement amené à marquer toutes ces nuances et à les rendre distinctes à l'aide des signes que la ponctuation met à son service. L'attention à bien ponctuer est pour l'esprit une excellente discipline ; c'est un moyen d'apprendre à bien penser.

Encore un mot, et je termine.

Je dirais volontiers à certains candidats : faites de votre mieux pour tirer du sujet tout le parti possible, au lieu de vous plaindre qu'il soit difficile ou peu intéressant. Le maître qui vous le propose est sans doute un homme qui sait son métier ; il ne vous demande ni plus, ni moins, qu'on ne doit vous demander. Il n'a pas pris au hasard la première question venue ; il s'est rendu compte, en choisissant le sujet, de ce que l'on peut attendre de vous. Ne vous laissez donc pas effrayer par les apparences, et ne vous défiez pas à l'excès de vous-mêmes. Etudiez de près votre sujet, et vous le verrez bientôt s'éclaircir et se dégager de cette sorte de brouillard qui l'enveloppait à vos yeux. Ne croyez pas non plus qu'il soit stérile. Vous le féconderez sans peine, si vous prenez soin de le creuser, et si vous savez mettre à profit vos connaissances. Toute question qui touche à la morale ou à l'éducation contient en germe un nombre d'idées suffisant pour nourrir le développement, et pour fournir la matière d'un travail qui intéresse à la fois celui qui le fait et celui qui le lit. Si vous ne trouvez rien à dire, c'est que vous vous découragez trop vite ou que vous êtes mal préparés. Dans tous les cas, lorsque vous vous plaignez du sujet, c'est vous-mêmes que vous accusez.

---

# NOTIONS ÉLÉMENTAIRES DE PSYCHOLOGIE

## APPLIQUÉE A LA MORALE ET A L'ÉDUCATION

---

## I

*Un philosophe, Kant, résume en ces mots toute la philosophie : « Que suis-je? que dois-je faire? Que puis-je espérer? » Expliquer cette parole.*

**Plan.** — 1. On a dit avec raison que la philosophie est la science des sciences, la science de la pensée. En effet, elle recherche les premiers principes sur lesquels s'appuient les autres sciences ; elle étudie, elle fixe leurs méthodes ; elle montre leurs rapports et généralise leurs conclusions. Mais son objet propre, son objet véritable, c'est l'homme moral, c'est-à-dire celui de tous les êtres qui nous intéresse le plus, puisque c'est nous-mêmes.

2. Elle apprend à l'homme à se connaître lui-même, à se distinguer des êtres qui l'entourent, à se rendre compte de ses sentiments, de ses pensées, de ses volontés. Elle éclaircit dans sa conscience la notion de ses attributs distinctifs : la raison et la liberté. Elle répond ainsi à la question : « *Que suis-je?* (*Psychologie*),

3. Être intelligent et libre, personne morale, comment

l'homme emploiera-t-il ses facultés pour accomplir la fin qui dérive de sa nature ? La philosophie le lui apprendra. Elle dirigera ses facultés intellectuelles dans la recherche de la vérité (*Logique*). Elle déterminera la règle de ses actions (*Morale*) c'est ainsi qu'elle lui enseignera « *ce qu'il doit faire* ».

4. *Que puis-je espérer ?* Voici ce que répond la philosophie : « La première récompense de l'homme vertueux, c'est la satisfaction d'avoir fait le bien. Mais la destinée morale de l'homme ne pouvant s'accomplir toute entière sur cette terre, il lui est permis d'espérer qu'elle s'achèvera dans une autre vie où se réalisera l'accord de la vertu et du bonheur. »

5. Cette autre récompense, l'homme peut l'*espérer*, il n'a pas le droit de l'exiger comme un salaire ; autrement, la vertu cesserait d'être désintéressée et perdrait tout mérite. Il est bon et nécessaire qu'il reste quelque incertitude sur l'avenir qui attend l'homme au delà de cette vie.

## II

### *Objet et méthode de la psychologie.*

**Développement.** — La psychologie a pour objet l'étude de l'âme, c'est-à-dire de cette partie de nous-mêmes qui, essentiellement active, toujours sent, connaît ou veut quelque chose.

La psychologie analyse et décrit ce qui se passe en nous, ce qui est le fond de notre vie intellectuelle et morale, nos sentiments, nos pensées, nos volontés.

Ces faits intérieurs, qui n'ont rien de commun avec les propriétés de la matière et que nos sens ne peuvent atteindre, sont ce qu'on appelle les *faits ou phénomènes* psychologiques.

Bien que les relations entre l'âme et le corps, entre le physique et le moral, soient très étroites, les faits psychologiques sont profondément distincts de ceux qui se passent dans le corps, et qu'on appelle *faits et phénomènes* physiologiques.

Les phénomènes physiologiques, par exemple, la respiration, la digestion, la circulation du sang, s'accomplissent sans que nous en ayons conscience. Le fait de la circulation du sang a été ignoré pendant des siècles ; le sang n'en circulait pas moins dans les veines. Au contraire, que j'éprouve un sentiment de joie ou de douleur, qu'une idée me vienne à l'esprit, que je prenne une résolution, ce sont là des phénomènes dont j'ai connaissance en même temps qu'ils se produisent. Si je les ignorais, ils n'existeraient pas.

Mais comment suis-je informé de l'existence des phénomènes dont mon âme est le théâtre ? Par la conscience, qui n'est autre chose que l'âme se connaissant elle-même, et se rendant compte immédiatement de tout ce qui se passe en elle. Il n'en est pas de même pour les phénomènes physiologiques : c'est avec les sens, c'est avec l'aide des instruments, qu'on les perçoit et qu'on les observe. De là, une deuxième différence entre ces divers ordres de faits.

Ce qui les distingue encore, c'est que les phénomènes physiologiques, respiration, digestion, circulation du sang, etc., sont localisés, c'est-à-dire occupent dans l'organisme une place particulière où ils se produisent. A quelle partie du corps rapporter une émotion, un souvenir, un raisonnement ? On dit bien qu'une idée est dans la tête et qu'un sentiment est dans le cœur ; mais ce sont-là de simples métaphores qui n'ont rien à voir avec la science.

La psychologie, comme toute science, a donc un objet défini : les faits de conscience.

Mais ces faits ont une cause. Si l'homme sent, c'est qu'il a le pouvoir de sentir ; s'il pense, c'est qu'il a pouvoir de penser ; s'il veut, c'est qu'il a le pouvoir de vouloir.

Ces pouvoirs que nous avons de produire les actes divers

qui sont du ressort de la conscience, sentir, penser, vouloir, sont ce que l'on appelle les facultés de l'âme.

Après avoir observé et classé ces trois ordres de faits, la psychologie les rapporte à trois facultés : sensibilité, intelligence, volonté.

Elle prend alors pour objet d'étude ces trois facultés, c'est-à-dire l'âme elle-même. Car, suivant la parole de Bossuet : « Ces facultés ne sont toujours que la même âme qui reçoit « divers noms à cause de ses différentes opérations. »

On peut voir par ce que nous venons de dire que la psychologie a non seulement un objet, mais une méthode qui lui est propre.

Elle prend pour point de départ, comme les sciences physiques et naturelles, l'observation. De même que nous étudions les phénomènes du monde extérieur à l'aide de nos cinq sens, de même, nous pouvons observer directement les faits intérieurs à l'aide de la conscience, appelée quelquefois *sens intime*. Ces deux expressions n'ont pas tout à fait la même signification. Le sens intime nous avertit simplement de ce qui se passe en nous ; c'est la conscience primitive, obscure, spontanée, telle que la possède l'animal lui-même. On entend par la conscience proprement dite, la conscience réfléchie, c'est-à-dire, celle qui nous donne le sentiment de notre personnalité, de notre *moi*, et par laquelle l'homme se distingue de son propre corps et des corps dont il est entouré.

L'observation intérieure est bien plus immédiate et plus profonde que l'observation extérieure. Elle nous révèle en même temps que les faits la cause qui les produit, le *moi* volontaire et libre. Elle se suffit à elle-même, et ne réclame pas, comme l'observation des phénomènes physiques, le secours artificiel de l'expérimentation.

L'examen des facultés de l'âme, qui succède à l'analyse des faits, montre que le développement de ces facultés est soumis à certaines lois qui rappellent les lois de la nature. Ces lois, le psychologue les établit à l'aide du raisonnement. Il généralise et étend à tous les hommes ce qu'il a observé sur lui-même. Il sait, en effet, que si les hommes sont « ondoyants et divers » l'homme avec ses facultés essentielles, se retrouve en chacun d'eux. En effet, on n'a pas encore signalé, entre les représentants les plus dissemblables de notre espèce, quelque différence vraiment notable. Qu'il s'agisse d'un Français du dix-neuvième siècle ou d'un Celte des anciens temps, d'un Européen ou d'un Chinois, il sera toujours vrai de dire que, chez les uns comme chez les autres, l'habitude émousse la sensibilité et fortifie l'activité ; et ainsi pour toutes les autres lois de la nature morale. Ces lois se découvrent à tout esprit attentif qui a, par la réflexion, appris à se connaître lui-même.

Ce n'est pas tout encore : la psychologie contrôle ces données de la conscience par le langage, qui lui permet d'interroger les autres hommes et de comparer ce que l'un d'eux éprouve à ce qu'éprouvent tous les autres dans les mêmes circonstances. Elle puise de précieux renseignements dans l'ethnographie, ou science des races ; dans la littérature, qui peint l'homme en général et les hommes de telle ou telle époque ; dans l'histoire, qui lui montre l'homme à travers les âges, avec toutes les variétés que peuvent comporter les degrés de civilisation, mais toujours avec les mêmes puissances, les mêmes facultés, puissances et facultés qui font de tous les êtres humains les divers échantillons d'un même type. L'étude même des affections nerveuses, des maladies de l'intelligence, l'observation des animaux, sont pour la psychologie d'utiles moyens d'information et de contre-épreuve.

On conçoit sans peine quelle est l'importance, la haute mission de la psychologie. Elle ne fait pas seulement connaître à l'homme la nature de ses facultés ; elle lui enseigne comment il doit s'en servir pour atteindre la fin à laquelle l'a destiné la Providence.

Toutes les sciences que l'on désigne sous le nom de *sciences morales*, et, parmi celles-ci les deux sciences qui vont particulièrement nous occuper, la morale proprement dite et la pédagogie, ont pour base et pour condition indispensable l'étude de l'homme et de ses facultés. N'est-il pas évident que pour savoir ce que nous devons être, il faut savoir d'abord ce que nous sommes? La première condition pour diriger une force, n'est-ce pas de la connaître ? Il ne peut donc y avoir, sans la psychologie, ni science de la morale, ni éducation méthodique et rationnelle.

## III

*Qu'est-ce que les facultés de l'âme? Quels sont les caractères distinctifs de chacune de ces facultés? Montrer leur mutuelle dépendance et leur action réciproque.*

**Développement.** — Quand l'homme observe attentivement ce qui se passe en lui-même, il ne tarde pas à reconnaître que les faits dont son âme est le théâtre peuvent se ramener à trois groupes distincts.

Il éprouve du plaisir ou de la douleur ; il désire, il espère, il craint. Suivant que les objets lui sont agréables ou odieux, il les poursuit ou s'en éloigne. Il ressent des émotions douces ou pénibles ; il est sujet à certains mouvements violents du cœur qu'on appelle des passions.

Ces faits, désignés sous les noms de sensations ou de sentiment sont nécessairement accompagnés d'autres faits qui s'y mêlent sans cesse, mais qui, néanmoins, s'en distinguent : ce sont les faits intellectuels; l'homme connaît, pense, raisonne.

Suivant les sentiments qu'il éprouve, et les réflexions que provoquent en lui ces sentiments, il prend des résolutions différentes. Tel objet lui semble désirable : il cherche dans son esprit les moyens de l'atteindre. Quand il croit les avoir trouvés, il agit, ou du moins s'efforce d'agir, pour obtenir le bien qu'il souhaite.

Voilà trois groupes de faits qui présentent des caractères particuliers et que l'on ne saurait confondre.

A ces trois groupes de faits correspondent les trois facultés de l'âme qui les produisent : la sensibilité, l'intelligence, la volonté.

Les facultés de l'âme sont donc les pouvoirs actifs de l'âme, causes de tous les phénomènes sensibles, intellectuels, volontaires.

La sensibilité, c'est la capacité qui est en nous d'éprouver toutes sortes de sensations ou de sentiments ; c'est, d'une manière générale, la faculté de jouir ou de souffrir.

L'intelligence, que les philosophes appellent *entendement*, c'est la faculté de connaître ou d'avoir des idées.

La volonté est la faculté que l'homme possède de prendre telle ou telle résolution, en sachant qu'il est libre de la prendre ou de ne pas la prendre, de la continuer quand il pourrait l'interrompre, ou de l'interrompre quand il pourrait la continuer.

Les facultés sont pour la vie psychologique ce que sont les propriétés pour les corps bruts, avec cette différence que les propriétés n'impliquent nullement dans les choses l'initiative du mouvement, ni la conscience de l'effort, ni surtout la liberté de diriger l'action. Le bois a la propriété de brûler ; mais il brûle sans qu'il le sache ou le veuille. Au contraire, les facultés ont pour essence une énergie spontanée ou volontaire dont tous les actes nous sont attestés par la conscience.

Toutes ces facultés ont des caractères propres qui les distinguent ; en même temps, elles vivent d'une sorte de vie commune ; elles sont unies par une mutuelle dépendance ; elles exercent les unes sur les autres une influence réciproque.

Voyons d'abord les caractères distinctifs.

La sensibilité est fatale; nos premières impressions, nos premiers sentiments, s'imposent à nous. Nous ne pouvons pas ne pas voir, lorsque nos yeux sont ouverts; nous ne sommes pas libres d'éprouver à notre guise de la joie ou de la peine.

L'intelligence est tantôt fatale, comme dans la perception des objets sensibles, ou dans la connaissance de certaines vérités dont l'évidence nous frappe tout d'abord, les axiômes mathématiques, par exemple; tantôt libre ou volontaire, comme dans l'attention, la réflexion, le raisonnement. Il ne dépend pas de nous de voir, ni d'entendre; il dépend de nous de regarder ou d'écouter.

On peut encore noter d'autres différences entre ces deux facultés.

Avec le temps, la sensibilité s'émousse, l'intelligence se fortifie.

La sensibilité et l'intelligence se développent en proportion inverse l'une de l'autre: plus l'émotion est vive, moins l'esprit a de puissance et de lucidité.

La sensibilité varie à l'infini chez tous les hommes, et aussi chez le même homme. « Les principes du plaisir, dit Pascal, « ne sont pas fermes et stables; ils sont divers en tous les « hommes et variables dans chaque particulier avec une telle « diversité, qu'il n'y a point d'homme plus différent d'un « autre que de soi-même dans les divers temps. » Au contraire, il y a des vérités universelles que reconnaissent également tous les hommes, et que personne ne met en doute.

La volonté est toujours libre; c'est là son caractère essentiel; elle est, comme dit Descartes, ce qu'il y a en nous de plus proprement nôtre. C'est elle qui, à vrai dire, constitue la personne humaine.

Ces différences entre nos facultés nous sont attestées chaque jour par l'expérience de la vie. Les personnes chez lesquelles la sensibilité est très développée n'ont pas en général un caractère bien énergique. Ceux qui pensent beaucoup, les méditatifs, sont rarement hommes d'action ; l'habitude d'envisager longuement les raisons contraires les rend indécis et hésitants.

Mais, quelles que soient les différences que l'on puisse marquer entre ces trois facultés, l'unité de l'âme n'en subsiste pas moins. Les facultés, à vrai dire, n'ont pas d'existence réelle; ce sont des manières d'être, des modes de l'activité consciente, de la nature morale. Il n'y a en nous qu'une seule âme qui produit certains actes, qui subit certaines modifications. Nos sentiments, nos pensées, nos résolutions varient sans cesse; c'est toujours le même *moi* qui sent, qui pense et qui veut.

Par suite, comme nous l'avons dit, ces facultés ont entr'elles des rapports étroits, et chacune d'elles exerce sur les autres une action qui se fait sentir à tous les moments.

La sensibilité excite et soutient la volonté; elle fait entrer en jeu tous les ressorts actifs de la nature humaine. L'espérance, la crainte, la sympathie, l'aversion, réveillent notre énergie et doublent nos forces. Dans la vie, comme on l'a dit, rien de grand ne se ferait sans les passions. La sensibilité est aussi un ressort de l'intelligence. On s'applique avec plus d'ardeur à un travail que l'on aime; on comprend mieux et plus vite ce que l'on a intérêt à comprendre. Notre esprit n'est jamais plus avisé, plus ingénieux, plus fécond en ressources, que lorsqu'il est stimulé par la vivacité du désir. C'est l'amour passionné du savant pour la vérité qui le met sur la voie des grandes découvertes; c'est l'enthousiasme du poète et de l'artiste qui enfante les chefs-d'œuvre. En revanche, il arrive souvent que la passion trouble et égare le jugement, et que, suivant le mot de La Rochefoucauld, *l'esprit soit la dupe du cœur*.

L'intelligence, à son tour, éclaire et dirige la sensibilité. En nous donnant la connaissance de nous-mêmes, elle nous apprend à régler nos penchants naturels. Ce n'est pas tout : l'effort intellectuel, l'attention concentrée sur tel ou tel objet, peut produire sur la sensibilité des effets de nature diverse. En pensant toujours à une même chose, on finit par s'y intéresser exclusivement ; on en fait le but de sa vie, la source unique de ses joies et de ses peines. En se portant sur un autre objet, l'intelligence détourne la sensibilité de ce qui l'occupait tout à l'heure, et fait succéder l'indifférence à la passion. C'est ainsi que l'application à l'étude dégoûte l'homme des plaisirs grossiers ou frivoles. Et cela est aussi vrai du physique que du moral. Penser le moins possible à son mal est pour le malade un moyen d'alléger ses souffrances.

L'influence de l'intelligence sur la volonté est évidente, la résolution étant presque toujours précédée de la délibération.

Guidée par l'intelligence, la volonté réprime les écarts de la sensibilité. C'est grâce à la volonté que l'homme peut lutter contre les passions mauvaises, et développer en lui les sentiments légitimes, les affections généreuses, l'amour des grandes et nobles choses. Elle intervient aussi, par l'attention, dans les actes de l'intelligence; elle concentre alors sur un objet déterminé tout l'effort de l'esprit et, par cela même, éclaircit, distingue et précise l'idée que nous en avons.

C'est ainsi que, dans notre vie intellectuelle et morale, les facultés de l'âme, tout en gardant leurs caractères propres, agissent de concert, et que leurs opérations sont étroitement liées les unes aux autres.

## IV

### *De la sensibilité : les sensations, les sentiments.*

**Développement.** — La sensibilité, c'est-à-dire la faculté d'éprouver du plaisir ou de la douleur, est inhérente à la vie humaine sous toutes ses formes, vie physique, vie intellectuelle et morale; nous ne pouvons rien faire, rien subir, qui ne soit pour nous agréable ou douloureux.

Les phénomènes de sensibilité se divisent en deux classes : les sensations, les sentiments.

Les sensations, c'est l'impression que produisent sur l'âme les objets extérieurs par l'intermédiaire des sens. La sensation se rattache à la sensibilité physique et nous est commune avec les animaux.

Voyons, à l'aide d'un exemple, ce qui se passe dans le phénomène de la sensation.

J'approche la main d'une plaque de fer assez fortement chauffée. Les nerfs dits *tactiles*, c'est-à-dire affectés aux sens du toucher, transmettent instantanément cette impression au cerveau, ou du moins à une partie de cet organe. De ces modifications que j'éprouve résulte pour moi une sensation douloureuse, accompagnée de la notion plus ou moins nette et de l'objet qui la cause et de la partie de mon corps qui la subit.

Parmi les milliers de sensations que nous apportent nos sens dans le cours d'une journée, il y en a, sans doute, qui sont indifférentes, c'est-à-dire qui ne nous causent ni plaisir, ni douleur; mais il est très vraisemblable que cette indifférence est le résultat de l'habitude, et que, à l'origine, toutes les impressions de l'air, des corps, de la lumière, du son, nous affectent d'une manière agréable ou désagréable.

Le sentiment, c'est l'émotion produite en nous par un objet intellectuel ou moral, autrement dit par une idée. J'assiste à la représentation d'une belle tragédie; j'ai devant les yeux un chef-d'œuvre de la peinture ou de la statuaire ; j'éprouve alors un sentiment, le sentiment du beau. J'apprends qu'un homme vient d'accomplir un acte d'héroïsme; je ressens pour cet homme de l'admiration et de la sympathie; voilà le sentiment du bien.

Il est à remarquer toutefois que chez l'homme les sensations se transforment vite en sentiments. La souffrance physique, à l'origine, est une sensation; si elle se prolonge, elle engendre un sentiment de tristesse. Le plaisir physique est une sensation; les raffinements que le voluptueux y apporte, la joie qu'il en espère, la déception qu'il éprouve lorsque le plaisir attendu lui échappe, toutes ces impressions constituent des sentiments.

Les sentiments peuvent se diversifier à l'infini, selon les impressions physiques, les idées, les émotions qui viennent s'y mêler. Aussi est-il fort difficile de les énumérer et de les classer. Les langues ont une multitude de mots pour désigner toute cette variété, toute cette complication de sentiments. Ainsi l'objet agréable provoque en nous des sentiments de bienveillance très différents selon la nature des êtres qui l'inspirent, sentiments dont le nom général est *amour*. Si l'objet agréable est présent, j'éprouve de la joie; s'il est absent, je le désire, j'espère le recouvrer; si je l'ai perdu a tout jamais, je le regrette. S'agit-il d'un objet désagréable? Je passe par toute une série parallèle de sentiments contraires aux précédents; la douleur, la crainte, l'aversion, la colère. Si je suppose que le premier objet ne peut m'être ravi, ou que le second est éloigné de moi pour toujours, cette pensée produit en moi la sécurité. Le langage fournit même des mots pour exprimer les nuances de ces divers sentiments; l'excès de la crainte devient la terreur ou l'épouvante; l'excès du regret, le désespoir. Tous ces sentiments convertis en habitudes ou parvenus à un extrême degré de vivacité s'appellent des passions.

Par les propriétés stimulantes attachées à la joie et à la douleur, la sensibilité donne l'impulsion à toutes les énergies de notre nature. Elle nous met en relation avec le monde extérieur; elle nous rapproche de nos semblables par la sympathie; elle nous facilite l'accomplissement de notre fin morale en nous faisant aimer le vrai, le beau et le bien. C'est en ce sens que l'on peut dire que la sensibilité est douée d'une vertu efficace et active. De là, outre les mots de sensations, de sentiments et de passions par lesquels on désigne les impressions que l'homme subit, les noms de penchants, d'instincts, d'appétits, de tendances primitives, d'inclinations, qui expriment les principes actifs de la sensibilité.

## V

### *Définir et classer les inclinations ou penchants de la nature humaine.*

**Développement.** — L'inclination ou penchant est une disposition instinctive et naturelle à chercher le plaisir et à fuir la douleur, antérieurement à toute expérience de l'un ou de l'autre. L'inclination précède la réflexion et la volonté. C'est le fond de la nature humaine; c'est le principe de l'activité, la sauvegarde et la condition de la vie.

Les inclinations de l'homme peuvent diviser en trois grandes catégories :

1. Les *inclinations personnelles*, qui ont pour principe l'amour et le développement de notre être. 2. Les *inclinations sociales*, qui ont pour objet nos semblables. 3. Les *inclinations supérieures*, c'est-à-dire les aspirations de l'homme vers l'idéal; l'amour du vrai, du beau, du bien, aspirations qui se résument dans le sentiment religieux.

1. Les inclinations personnelles doivent elles-mêmes se subdiviser; elles comprennent les besoins, ou appétits, qui tendent à la conservation et au bien-être de notre corps, et les penchants spirituels, qui ont un caractère plus élevé, plus noble, plus véritablement humain.

Que le corps ait besoin d'aliments, la nature nous en avertit par une douleur spéciale, la faim. Qu'un danger nous menace, le corps se met de lui-même dans la position la plus propre à prévenir ou à diminuer le mal; c'est ce qu'on appelle l'instinct de conservation. C'est à cet instinct qu'il faut rapporter certaines appréhensions, telles que la crainte des ténèbres ou de l'isolement. De toutes ces appréhensions la plus vive est celle de la mort. « Mieux vaut souffrir que mourir, dit le poète. » En outre le corps éprouve le besoin de déployer ses forces; c'est le besoin de mouvement; on sait que l'immobilité prolongée est une souffrance intolérable.

Mais tout cela n'assure que le présent, l'homme est instinctivement porté à se procurer des ressources pour l'avenir en vue de sa conservation et de son bien-être. Il amasse, il thésaurise; il obéit ainsi à l'instinct d'accumulation, de possession, de propriété.

Les penchants spirituels ont encore un caractère tout personnel, mais ils ne se rapportent plus aux besoins du corps. L'homme est poussé par la nature à mettre en mouvement toutes les énergies dont il est doué. Il supporte avec peine les entraves qui gênent l'expansion de sa personnalité; il aime la liberté et l'indépendance. Il désire même soumettre à son activité les autres êtres et les faire servir à ses desseins; c'est le désir de la supériorité, l'amour du commandement, l'ambition. S'il ne peut commander aux autres, il s'efforce de les surpasser ou tout au moins de les égaler; ici la nature lui fait sentir le puissant aiguillon de l'émulation. Il ne lui suffit pas d'avoir travaillé et réussi à se perfectionner lui-même; il est heureux que les autres le sachent et le lui disent. Pour « être dans l'estime des autres » suivant l'expression de Pascal, pour obtenir la louange, la renommée, la gloire, il se condamne à des travaux et à des sacrifices qu'il ne s'imposerait jamais dans la solitude.

2. Mais l'homme n'est pas fait pour vivre seul; un penchant naturel lui fait rechercher la société de ses semblables. Il les aime parce qu'ils sont hommes comme lui; il désire leur faire du bien; il s'associe à leurs joies, il est ému de pitié à la vue de

leurs souffrances. C'est l'effet de la bienveillance et de la sympathie. Quand la sympathie se concentre sur un ou sur quelques êtres préférés, elle devient l'amour, ou l'amitié. Quand elle a pour objet une personne supérieure par le caractère ou par l'esprit, elle se change en admiration, en respect, en vénération. A ce groupe d'inclinations se rattache l'esprit d'imitation ou tendance à faire comme les autres.

Au sein de la grande société humaine, il y a des groupes plus restreints et plus circonscrits où se renferment d'une manière plus étroite et plus profonde les affections de l'homme. D'abord, c'est la famille ; ici, les sympathies prennent les noms d'affection conjugale, paternelle et maternelle, filiale, fraternelle. Ensuite, c'est la patrie, association d'hommes unis par des liens d'une nature très complexe, par la communauté d'origine, de langue, de croyances, de lois, mais surtout par la volonté d'accomplir ensemble leurs destinées et de s'assurer mutuellement l'exercice de leurs droits. Au sein même de la patrie, l'homme porte un intérêt particulier à la corporation dont il est membre : le soldat aime son drapeau, le noble est fier des traditions de sa caste. Tout homme a plus ou moins l'esprit de l'ordre social dont il fait partie ou de la fonction à laquelle il appartient.

3. Mais les pensées de l'homme s'élèvent au-dessus de l'appétit et du besoin, au-dessus des satisfactions de l'amour-propre, au-dessus même des joies que procure la sympathie. En haut les cœurs ! l'homme aspire à la perfection, à l'idéal, à l'infini ; son esprit aime à se détacher de la terre pour se porter vers un monde supérieur et purement intelligible, que ses sens ne peuvent atteindre, mais que sa raison conçoit. A cet ordre supérieur d'inclinations se rapportent l'amour du vrai, du beau, du bien et le sentiment religieux.

Tous les hommes éprouvent le désir de connaître, ils aiment la science pour la science, sans considérer même les avantages qu'elle procure. Qu'ils recherchent la vérité par eux-mêmes, ou qu'ils la reçoivent des autres, ils sont toujours avides de la posséder. Que leur curiosité se porte sur un objet sérieux ou futile, elle n'en représente pas moins une inclination qui est, selon le mot de Pascal, le mérite et la dignité de l'homme, c'est-à-dire l'amour du vrai.

Le vrai, sous la main de l'artiste, se revêt de formes concrètes et vivantes ; il devient le beau, que Platon appelle la splendeur du vrai. Alors, il n'éclaire plus seulement l'intelligence ; il charme l'imagination, il échauffe le cœur. L'amour du beau est instinctif et universel.

Ce qui n'existe pas moins chez tous les hommes, c'est l'amour du bien, le sentiment inné du devoir. Au sentiment du bien se rattache l'amour de la justice, et, par suite, quand il s'agit de nos propres actions, la satisfaction morale ou le repentir, le remords ; quand il s'agit des actions d'autrui, tantôt l'estime, l'admiration, le respect ; tantôt le mépris, l'indignation, l'horreur.

Tous les sentiments dont nous venons de parler se résument dans le sentiment religieux. La notion de Dieu, bien qu'elle soit souvent altérée par de grossières superstitions, embrasse toutes les idées que nous pouvons avoir de l'infini, de l'absolu, de la perfection idéale. Mais Dieu ne représente pas seulement pour nous l'intelligence suprême qui renferme en elle toutes ces idées ; il nous apparait comme le juge infaillible des actions humaines, comme la Providence du monde, comme le consolateur et le père des hommes. L'être infini nous inspire des sentiments d'amour et de respect qui se confondent dans la forme la plus haute des sentiments que l'homme puisse éprouver, dans l'adoration.

Toutes les inclinations que la nature a mises en nous sont par elles-mêmes bonnes et légitimes. Nous devons les diriger vers le bien, les développer dans ce qu'elles ont de plus noble, les empêcher de se pervertir ; c'est l'œuvre de la raison et de l'éducation.

## VI

*Donner une idée générale des facultés intellectuelles.*

**Développement.** — L'intelligence est la faculté de connaître. Connaître, c'est avoir des idées, les rapprocher les unes des autres, en concevoir les rapports et les différences.

L'idée est la connaissance à son état le plus simple. Toutes les fois que l'on connaît une chose ou une vérité, on a une idée.

Les idées sont comme les premières données, les matériaux sur lesquels travaille l'esprit pour en tirer des jugements et des raisonnements.

Les objets dont je puis avoir l'idée, c'est-à-dire que je puis connaître, se divisent en trois espèces :

1. Le monde matériel et les propriétés des corps.

2. Mon âme et ses divers modes d'activité, sentiments, pensées, résolutions.

3. Les vérités ou notions premières, les axiomes mathématiques, les idées nécessaires, c'est-à-dire les idées d'objets que je ne puis pas concevoir comme n'existant pas, le temps, l'espace, l'infini.

Ainsi, le monde extérieur, le moi, les vérités premières, universelles et nécessaires, voilà ce que l'intelligence peut et doit connaître.

Sans doute l'intelligence est une; mais, selon que l'activité intellectuelle s'applique à ces différents objets, elle prend un nom particulier qui désigne une faculté spéciale. C'est la *perception externe* qui nous fait connaître la matière, les corps et leurs propriétés; c'est la *conscience*, ou *sens intime*, qui nous avertit des phénomènes dont notre âme est le théâtre; c'est *la raison* qui nous révèle les notions ou vérités premières.

Le monde matériel, le moi, les vérités premières, voilà des

objets dont l'intelligence acquiert la connaissance immédiatement, spontanément, et, suivant l'expression adoptée en philosophie, *par intuition*. La perception externe, la conscience, la raison, sont appelées pour cette raison *facultés intuitives*.

Tels sont les éléments primitifs, irréductibles de la pensée.

Ces premiers éléments, ces connaissances intuitives, deviennent la matière d'opérations où s'applique l'activité réfléchie de l'esprit. L'intelligence compare, ordonne, rapproche ou distingue les idées qui lui viennent des facultés intuitives ; elle les transforme, elle les *élabore* à l'aide de facultés particulières qu'on peut appeler *facultés d'élaboration*.

Ainsi, l'intelligence, en passant d'un objet à un autre, remarque entre le premier et le second des ressemblances et des différences ; c'est la *comparaison*. Dans un même objet, elle considère isolément une qualité qu'elle sépare de l'objet par la pensée, bien que cette qualité en soit réellement inséparable ; par exemple, la blancheur dans une feuille de papier : c'est l'*abstraction*. De l'*abstraction* naît la *généralisation*.

Telle qualité qui m'a frappé dans un objet, se retrouve dans quelques autres ; le papier est blanc, une étoffe est blanche ; dès lors, mon esprit conçoit l'*idée générale* de blancheur tout en perdant de vue les objets particuliers qui l'ont suggérée. Ce n'est pas tout : il est des qualités qui sont communes à un certain nombre d'êtres, et dont la présence constitue entre ces êtres un ensemble de caractères. Si les ressemblances qui en résultent me paraissent l'emporter sur la somme des différences, je classe en espèces, en genres, en familles, les individus où je rencontre ces ressemblances réunies. C'est le second degré de la généralisation.

La généralisation est la condition de la science. Il n'y a point de science du particulier, dit la philosophie. Sans les idées générales, il serait impossible à l'homme de juger, ou du moins de former des *jugements comparatifs*. Qu'est-ce en effet qu'un jugement comparatif? C'est celui par lequel on affirme qu'il y a *rapport de convenance entre un objet et une qualité*. Ainsi, dire que l'air est pesant, c'est affirmer qu'il y a convenance entre l'idée de l'air et celle de la pesanteur. Il est clair que, si je n'ai dans l'esprit l'idée générale de pesanteur, une telle opération est impraticable. Sans le jugement, point de *raisonnement*; puisque *raisonner*, c'est tirer un jugement d'un autre jugement.

C'est à l'aide des facultés que nous venons de passer en revue que l'intelligence acquiert et élabore les connaissances. Mais les connaissances ne seraient pas réellement acquises, il n'y aurait même, à proprement parler, ni connaissance, ni intelligence, sans la faculté qui conserve et rappelle les idées, sans la *mémoire*. Comment former le raisonnement le plus simple, si on oublie le début de l'opération avant qu'elle soit accomplie? Ces idées, que la mémoire a charge de garder, se lient, s'unissent les unes aux autres, s'appellent réciproquement, et reviennent ensemble dans notre esprit, tantôt en vertu de rapports logiques fondés sur des ressemblances réelles, tantôt d'une manière accidentelle et fortuite : c'est le phénomène de *l'association des idées*. Souvent, l'intelligence, en rappelant l'idée des objets, se la représente sous une image. Grâce à *l'imagination*, qui n'est encore ici que la mémoire *imaginative*, elle les revoit en quelque sorte, par le souvenir. L'imagination, proprement dite, ou *imagination active*, arrange, groupe, combine selon sa fantaisie les éléments de la réalité, de façon à produire des représentations dont l'objet est purement fictif, comme un cheval ailé, un sphinx, une montagne d'or. Mais là ne se borne pas son rôle; elle ne transforme pas seulement la réalité, elle l'idéalise, ou plutôt elle lui emprunte des formes sensibles pour exprimer la beauté idéale. Elle prend alors le nom *d'imagination poétique ou créatrice*.

Telles sont, en résumé, les *facultés* ou *opérations* de l'intelligence, car l'usage a prévalu de désigner par le même mot deux choses très différentes. Il y a lieu, en effet, de distinguer la faculté, qui est un pouvoir naturel de l'intelligence, et l'opération, qui est une fonction, un travail de l'esprit s'appliquant à un objet déterminé. Ainsi, nous avons *le jugement*, c'est-à-dire la faculté de juger; grâce à cette faculté nous formons *des jugements particuliers* par lesquels nous affirmons telle ou telle chose d'un objet. Ces jugements particuliers sont des actes ou des opérations. La même distinction peut s'appliquer à toutes les facultés intellectuelles.

## VII

*De la perception externe, des sens et de leurs organes. Comment faut-il expliquer ce que l'on appelle vulgairement les erreurs des sens?*

**Développement.** — La perception externe est la connaissance que prend notre âme des objets matériels, des corps et de leurs propriétés.

Elle s'exerce au moyen de cinq sens: le toucher, la vue, l'ouïe, l'odorat et le goût.

Au service des sens sont attachés des organes qui sont comme des appareils spéciaux à l'aide desquels ils opèrent. Le toucher, bien que répandu par tout le corps, a pour organe principal la main; l'œil est l'organe de la vue; l'oreille est l'organe de l'ouïe; le nez, celui de l'odorat; le palais, celui du goût. Il faut donc se garder de confondre les sens et leurs organes: les sens, c'est la faculté que l'âme possède de percevoir le monde extérieur; les organes sont les instruments de la perception. Ce ne sont pas les yeux qui voient, ce ne sont pas les oreilles qui entendent; c'est l'âme qui voit et qui entend par l'intermédiaire des yeux et des oreilles.

Chaque sens a des attributions spéciales qui nous font connaître certaines propriétés de la matière.

Par le toucher, nous connaissons l'étendue, la forme, la température des objets, non la température absolue, mais la différence entre la température des objets et celle de notre corps.

La vue nous montre les jeux de l'ombre et de la lumière, la variété des couleurs, et, par suite, l'étendue colorée, c'est-à-dire une étendue de surface avec deux dimensions seulement, longueur et largeur. Quant à la notion de profondeur, elle nous vient du toucher. Ainsi, des arbres disposés en allée s'offrent à nos yeux : ceux qui se trouvent au fond de l'allée nous paraissent plus rapprochés les uns des autres qu'ils ne le sont réellement. C'est que l'étendue visible et l'étendue *tangible*, c'est-à-dire celle que le toucher perçoit, sont des choses différentes.

L'objet propre des perceptions de l'ouïe est le son ; celui de l'odorat, les odeurs ; celui du goût, les saveurs.

Bien que chacun des sens ait ses fonctions, ses attributions particulières, ils se suppléent à tout moment les uns les autres et se rendent de mutuels services. Où en serions-nous, s'il fallait sans cesse recourir au toucher pour juger de la forme et de la distance des objets ! Que de fastidieux tâtonnements ! Que de dangers dont la présence nous serait signalée trop tard ! Aussi nous contentons-nous le plus souvent du témoignage de la vue et de l'ouïe, dont l'action s'exerce d'une manière beaucoup plus rapide. Cette substitution d'un sens à l'autre s'accomplit par l'intervention de la mémoire, de l'association des idées et du jugement. Par exemple, j'ai remarqué une étroite liaison entre l'étendue colorée et la forme réelle des objets. J'associe ces deux notions, comme si les qualités qu'elles représentent étaient inséparables, et, toutes les fois que la même étendue colorée vient s'offrir à mes yeux, je conclus que l'objet a réellement la forme et les dimensions qui correspondent à cette apparence.

C'est ainsi que l'expérience m'apprend à juger des distances par le plus ou moins de vivacité dans les couleurs et de netteté dans les contours. Il en est de même pour les perceptions de l'ouïe. Je sais par expérience, qu'il existe une relation entre le son qui frappe mon oreille et la position des objets. Dans une foule d'occasions, l'ouïe remplacera la vue et le toucher. Ainsi, une voiture s'avance derrière moi ; l'oreille m'avertit non seulement de la présence de la voiture, de la direction qu'elle suit, de la distance où elle est, sans que les deux autres sens aient besoin d'intervenir.

Ces perceptions qui ne nous sont pas fournies directement, mais qui sont le résultat de deux perceptions simultanées, sont dites *perceptions acquises.*

C'est dans les perceptions acquises qu'il faut chercher la source de ce qu'on appelle improprement les erreurs des sens. Quand on ne réclame d'eux que les services qu'ils sont destinés à nous rendre, les sens ne nous trompent pas. Un bâton à demi plongé dans l'eau nous semble courbé. Si nous nous figurons qu'il est réellement courbé, ce n'est pas notre œil qui est responsable de l'erreur. L'apparence colorée est bien celle que la vue nous montre ; les rayons lumineux étant diversement réfractés par des milieux d'inégale densité, le bâton doit nous paraître courbé. L'erreur vient d'un jugement précipité qui nous a fait conclure trop vite de l'étendue colorée à l'étendue tangible. C'est nous qui avons mal interprété le témoignage de la vue. Pour la même raison, une tour carrée, vue de loin, nous semble ronde. Qu'un peintre imite exactement sur la toile les reliefs et les creux, nous pourrons, si nous ne sommes pas avertis, être dupes d'une illusion, et nous figurer que les objets sont disposés sur des plans différents. Dans le phénomène du mirage, les effets de lumière sont bien tels que nous les voyons ; c'est un jugement erroné qui nous fait croire à l'existence d'un oasis. En effet, les données de nos divers sens coïncident le plus souvent, mais nos sens peuvent aussi se contredire, et cependant avoir raison chacun dans la sphère de leur compétence.

Souvent aussi, les prétendues erreurs des sens viennent de l'altération de l'organe; ainsi, dans la jaunisse, qui nous fait voir tout en jaune; dans le *daltonisme*, affection qui rend l'œil impuissant à distinguer la couleur rouge. Ici, l'erreur a pour cause une disposition maladive du système nerveux. Souvent encore nous confondons l'erreur avec l'ignorance. En effet, la portée de nos sens, même à l'état sain, est naturellement limitée. Nos yeux ne peuvent voir de très loin la distribution des ombres et de la lumière. Sur les surfaces les plus unies il existe des aspérités qui échappent au toucher. Tous les sons, heureusement pour nous, n'arrivent pas à notre oreille. Nos sens ne nous apprennent que ce que nous avons un intérêt immédiat à savoir. Sans doute, avec le secours d'instruments, la science pénètre plus avant dans la connaissance de la nature; mais la puissance de chacun de nos sens, tels que la Providence les a faits, est proportionnée à nos besoins.

Il n'y a donc aucune raison d'accuser les sens d'erreur et de suspecter leur témoignage, comme l'ont fait certains philosophes. C'est à nous de ne pas mettre une conjecture à la place d'une perception.

Ce qui ressort de toutes ces explications, c'est l'importance des exercices qui ont pour objet l'éducation des sens. On peut apprendre à l'enfant à reconnaître exactement par le toucher la forme, le poids, la nature des corps, à distinguer par la vue les nuances les plus variées des couleurs. Par la culture musicale on peut rendre son oreille plus juste et plus sensible. L'enfant commence par toucher, par voir, et par entendre; il faut l'exercer à palper, à regarder, à écouter. « Tout enfant qui vient au « monde, dit Mme Carpantier, est un travailleur en espérance, un « futur apprenti d'une profession encore inconnue, mais qui

« réclamera de lui des aptitudes et une habileté sans lesquelles « il resterait forcément au-dessous de sa destinée. Or, ces « aptitudes, il doit les acquérir dès l'enfance, parce que c'est « dans cette période de la vie que les organes se disposent, se « prêtent le mieux aux exercices pour lesquels ils sont faits. »

## VIII

*Expliquer, à propos de ce qu'on appelle improprement les erreurs des sens, ce vers de La Fontaine :*

« *Quand l'eau courbe un bâton, ma raison le redresse.* »

**Plan.** — 1° Parler d'abord de la substitution d'un sens à l'autre dans la perception. Cette substitution est légitime et nécessaire.

2° Les sens, quand on ne leur demande que les services qu'ils doivent rendre, ne nous trompent jamais. Les prétendues erreurs des sens ne sont que des erreurs de jugement.

3° Prenons pour exemple le genre d'illusion dont il est question dans ce vers :

« Quand l'eau courbe un bâton, ma raison le redresse.

*Quand l'eau courbe un bâton*... Expliquer ces mots. Le bâton à demi-plongé dans l'eau nous paraît courbé. Dire pourquoi. Si je crois qu'il est réellement courbé, ce n'est pas la vue qui me trompe : c'est moi qui raisonne mal.

4° *Ma raison le redresse*... Mais, bien qu'il paraisse courbé, je sais qu'il est droit. Comment ? C'est que l'expérience et la science m'ont appris à ne pas confondre l'étendue colorée et l'étendue tangible.

5° Conclusion. Il faut se garder de la précipitation dans les jugements, et soumettre, en certains cas, les perceptions acquises à une contre épreuve, en contrôlant le témoignage d'un sens par celui d'un autre sens.

## IX

*De l'abstraction, de son utilité, de ses dangers ; usage et abus des procédés abstractifs dans les écoles.*

**Développement.**—L'intelligence humaine débute par la connaissance des individus, des objets particuliers et concrets ; elle perçoit chaque objet dans son ensemble, avec toutes ses qualités. Ensuite, elle considère isolément telle ou telle qualité de l'objet ; elle « abstrait » cette qualité et néglige les autres. L'idée de l'objet entier, tel qu'il existe réellement dans la nature, est une idée *concrète* : l'idée d'une qualité que l'esprit sépare des autres bien qu'elle en soit inséparable, est une idée *abstraite.*

Les idées abstraites servent à former les idées générales, sans lesquelles il n'y aurait ni jugement, ni raisonnement, ni science, ni langage.

L'abstraction est la condition indispensable de toute recherche méthodique. C'est sur l'abstraction que reposent les sciences mathématiques, proprement nommées sciences abstraites, parce-qu'elles ont pour objet une pure conception, un pur idéal de l'esprit. Les figures de la géométrie, le triangle, le cercle, la sphère, etc., sont des figures parfaites qui n'existent pas dans la nature. Le procédé abstractif se retrouve aussi dans les sciences physiques qui considèrent d'une manière abstraite et générale la force, la pesanteur, la forme, la relation, les affinités. Enfin, dans les sciences naturelles, l'abstraction est la base de la classification.

L'abstraction est d'une grande utilité dans la vie de tous les jours. C'est faute de savoir distinguer, de savoir *abstraire,* que l'on commet de grossières erreurs. « Je suppose, dit Laromi-
« guière, une personne dont l'opinion politique soit portée
« jusqu'à l'intolérance : on me passera la supposition. Cette

« personne est attaquée d'une maladie grave ; elle demande un « médecin, et on lui en nomme un très habile. — Monsieur un « tel ? On sait comme il pense. — Eh ! Madame ! qu'importent « ses opinions ? Songez à guérir. — Ne me parlez pas de cet « homme ; c'est un extravagant, un ignorant. » La voilà, par « un entêtement aveugle, incapable de faire la plus légère abs- « traction, de distinguer le médecin du politique. »

On se trompe, comme on le voit, par défaut d'abstraction ; on se trompe aussi quand on abuse de l'abstraction ou qu'on l'emploie mal. La personne que Laromiguière met en scène peut encore nous en fournir la preuve. Il est évident que cette personne était tout comme une autre capable d'abstraire ; mais elle faisait l'opération à contre-temps Quand elle refuse le secours du médecin mal pensant, elle se trompe faute de vouloir abstraire ; mais cette prévention vient elle-même d'un abus de l'abstraction. La personne en question, dans l'ardeur de son zèle, avait pris sans doute l'habitude de ne considérer chez les hommes qu'une seule qualité, à l'exclusion des autres, et de juger par leur opinion politique de leurs mérites et de leurs défauts ; de là son erreur. Maître Jacques, comme le dit encore Laromiguière, raisonne beaucoup mieux : il sait très à-propos, suivant les circonstances, abstraire dans sa personne, l'idée du cocher et celle du cuisinier.

L'habitude d'accorder à telle ou telle qualité une attention exclusive, aux dépens du reste, fait les esprits étroits, bornés, intolérants. Cette qualité, qui les préoccupe uniquement, prend dans leur imagination des proportions exagérées. Ils ne voient plus les choses que par un côté et se trompent sur l'ensemble.

Les hommes les plus instruits, les plus indépendants, ne sont pas à l'abri de ce genre d'illusions. Mettez en présence un savant qui s'est uniquement occupé de physiologie, qui a longtemps observé, manié, disséqué, les organes du corps, et un psychologue qui s'est étroitement renfermé dans l'étude de l'âme ; demandez à chacun d'eux ce qu'il pense de l'homme ; il est à craindre, à moins qu'ils ne soient doués d'une intelligence supérieure capable de s'élever aux plus hautes généralités, que l'un ne fasse, dans sa définition de l'homme, une part exclusive à la matière, et que l'autre n'en tienne pas assez de compte. Frédéric le Grand et les stratégistes de sa famille ne verront dans l'homme qu'un être *destiné* par la nature à faire tête gauche et tête droite et à manœuvrer avec une régularité automatique. Ainsi l'on est exposé, par un abus de l'abstraction, à concentrer l'esprit sur un aspect de la réalité en négligeant tous les autres.

L'abstraction peut encore être une source d'erreurs, lorsqu'on oublie que les idées abstraites sont uniquement des conceptions de l'esprit, lorsqu'on leur suppose une existence réelle en dehors de nous. C'est le genre d'erreur qui consiste à *réaliser des abstractions*. Les fables de la mythologie, les superstitions du paganisme ne sont autre chose que des abstractions transformées en réalités concrètes. Chez les Grecs, chez les Romains, toutes les idées abstraites, vertus, forces morales, fléaux, étaient autant de divinités : on leur élevait des temples, on les adorait, on s'efforçait de se les rendre favorables ou de les fléchir. « C'est « nous, disait un poète latin, c'est nous, ô Fortune, qui faisons « de toi une déesse, et qui te plaçons dans le ciel ! » De nos jours encore, que de gens parlent sérieusement de *conjurer le sort, de faire tourner la chance !* Que d'autres, en prononçant cette simple phrase : *Le hasard a voulu que...* sont tentés de croire que le hasard est quelque chose de réel, qu'il subsiste par lui-même, qu'il est doué d'une véritable puissance !

D'autres enfin ne seraient pas éloignés de prêter une existence réelle à la maladie, à la fièvre, *à cette ingrate de fièvre, qui s'attaque au sang d'une princesse chez qui elle est magnifiquement logée*, comme il est dit dans le sonnet de Trissotin.

Il est arrivé souvent aux philosophes eux-mêmes de réaliser

des abstractions. Platon attribuait aux qualités abstraites et générales, aux genres, aux espèces, aux figures géométriques, une existence indépendante de l'esprit qui les conçoit. Au moyen-âge, la scholastique n'accordait d'existence réelle qu'aux idées abstraites et générales, aux *universaux*, suivant l'expression consacrée; elle croyait aux *espèces sensibles*; elle prétendait aussi tout expliquer par les *vertus occultes*, c'est-à-dire par ce que nous appelons simplement les qualités des objets : la fièvre était le résultat de la vertu *pulsifique* (qui fait battre le pouls), et l'opium faisait dormir *parce qu'il avait la vertu dormitive*. Comme on le voit, l'explication n'est ni bonne, ni mauvaise ; ce n'est pas une explication : c'est le même fait énoncé sous une autre forme. Ces vaines disputes de mots ont entravé pendant plusieurs siècles les progrès des sciences naturelles.

L'abstraction étant un élément indispensable de la pensée, et, en même temps une source d'erreurs, on voit combien il importe de veiller à la manière dont se forment les idées abstraites dans l'esprit de l'enfant. Le grand point, c'est de bien discerner le moment où il convient de donner à l'enseignement la forme abstractive. Nous devons ici, comme partout, suivre la marche de la nature, *qui ne fait point de sauts*, suivant une expression célèbre, mais qui procède par gradation. Or, comme nous l'avons dit, l'esprit débute par la connaissance du réel et du concret; il perçoit les objets tels que la nature les lui présente, avec toutes leurs qualités réunies. On commencera donc par l'enseignement intuitif; on mettra sous les yeux de l'enfant des objets sensibles; on lui fera voir et toucher les choses. Puisque les sens s'éveillent chez l'enfant avant la faculté d'abstraire et de raisonner, c'est aux sens que le maître devra s'adresser tout d'abord ; il suivra ainsi la marche naturelle, et l'enfant ira par degré du connu à l'inconnu, du facile au difficile. On évitera donc tout emploi prématuré du procédé abstractif ; tout ce qui est définitions, notions générales, en un mot, tout ce qui est pensée pure, ne serait pas compris de l'enfant ou serait compris de travers.

Il ne faudrait pas toutefois prolonger autre mesure l'usage de la méthode intuitive, ni reculer trop tard le moment où l'on fait appel à la faculté de raisonner.

« Le terme général ne se présente que quand l'intelligence « de l'enfant l'appelle en quelque sorte pour lui servir à résumer « plusieurs noms abstraits, et si ces noms abstraits eux-mêmes « désignent des qualités que l'enfant a préalablement saisies dans « le vif de la réalité, alors l'abstraction n'a que des bienfaits. « Elle est claire, facile, naturelle, c'est un secours pour la « mémoire, une satisfaction pour l'intelligence. une ressource « inappréciable pour le langage. Trouver pour chaque élève et « pour chaque étude le moment précis où il convient de passer « de la forme intuitive à la forme abstraite est le grand art d'un « véritable éducateur. » (M. Buisson, *Dictionnaire pédagogique.*)

## X

*De l'attention, de ses principaux effets ; conclusions pédagogiques.*

**Plan.** — 1. L'attention est la concentration volontaire de l'esprit sur un objet déterminé. La volonté, intervenant dans l'intelligence, soumet nos facultés à notre direction personnelle et les préserve des distractions. Sans l'attention, toutes nos facultés, perception, mémoire, association des idées, seraient, comme l'a dit Jouffroy « la proie des choses qui viennent les « solliciter ».

2. L'attention rend plus forte et plus exclusive l'impression de l'objet qu'elle considère et qu'elle isole des autres. Quand nous sommes fortement préoccupés d'une idée, nous devenons presque insensibles à ce qui se passe autour de nous. Exemples.

3. Elle éclaire, distingue et précise les idées que nous avons des choses. Dans un paysage, dans un tableau, on saisit d'abord vaguement la totalité des objets : puis, l'attention vient restreindre le champ de la connaissance.....

4. Elle augmente l'énergie des souvenirs.

5. Son influence sur le développement général des facultés. Elle produit, quand elle est répétée, l'habitude qui nous dispense de l'effort.

6. Influence de l'attention sur la sensibilité : plaisirs, douleurs. Son influence sur les passions. « Le remède le plus « naturel des passions, dit Bossuet, c'est de détourner l'esprit « autant qu'on peut des objets qu'elles lui présentent. »

7. Conclusion pédagogique. L'attention des élèves en classe est la condition de tous progrès. On l'obtient plutôt qu'on ne l'impose. Le meilleur moyen de rendre les enfants attentifs, c'est de tenir leur curiosité en éveil, de la renouveler sans cesse, et de la satisfaire sans l'éteindre.

## XI

*Du jugement, du raisonnement : la déduction, l'induction ; rôle de ces facultés dans les sciences et dans la vie pratique.*

**Développement.** — Le jugement est un acte par lequel on affirme d'un objet qu'il existe, ou qu'il existe de telle ou telle manière, ou, plus simplement, suivant l'ancienne définition, un acte par lequel on affirme une chose d'une autre. Le jugement, même présenté sous forme négative, est donc toujours une affirmation.

Tous nos jugements sont d'abord de simples intuitions, immédiates, spontanées, qui portent sur des réalités individuelles et n'impliquent dans l'esprit aucune comparaison. *Je suis, je sens, je pense.* Ces jugements primitifs sont la base de toutes nos connaissances.

De ces jugements primitifs dérivent les jugements réfléchis appelés *comparatifs*, c'est-à-dire ceux qui affirment entre un objet et une qualité un rapport de convenance ou de disconvenance. Quand je dis : *L'homme est mortel*, j'affirme qu'il y a convenance entre l'idée de l'homme et la qualité de mortel.

Le jugement s'exprime dans le langage par une *proposition*. La proposition comprend trois termes : sujet, verbe, attribut, qui correspondent aux trois éléments du jugement.

Le raisonnement consiste à tirer un jugement d'un ou de plusieurs jugements. Si au lieu de dire : *L'homme est mortel*, je dis : *Pierre est mortel*, j'ai dû, pour arriver à cette conclusion, former deux jugements et les rapprocher. 1. *Tous les hommes sont mortels.* 2. *Pierre est homme.* Du rapprochement de ces deux jugements, j'en tire un troisième : *Pierre est mortel.*

Raisonner, c'est donc aller du connu à l'inconnu, ou de ce qui est mieux connu à ce qui est moins connu, en passant, par un certain nombre de propositions intermédiaires qui relient une conséquence à son principe.

Quand on s'adresse à des esprits vifs et pénétrants, qui saisissent rapidement les rapports entre deux idées éloignées, on peut sans inconvénient omettre dans une explication ces propositions intermédiaires ; l'auditeur les suppléera de lui-même. Avec les autres on s'exposerait à n'être pas compris. Ceux-ci ont besoin qu'on les conduise par tous les degrés du raisonnement. Ils ont devant eux un ruisseau qu'ils ne peuvent franchir d'un bond ; il est nécessaire de placer des pierres au milieu pour leur faciliter le passage. Il y a là, entre les divers genres d'esprit, des différences dont on devra tenir grand compte dans l'éducation.

Le raisonnement revêt deux formes : la *déduction* et l'*induction*.

La déduction dégage d'une idée générale les vérités particulières qui y sont contenues. Exemple : *Tous les hommes sont mortels, donc Pierre est mortel.* Le raisonnement déductif est d'un emploi constant dans toutes les opérations de l'esprit et dans tous les ordres de sciences, mais surtout dans les sciences mathématiques, où l'on part de propositions évidentes pour arriver aux propositions conséquentes.

Dans la vie ordinaire on déduit instinctivement, naturellement, sans énoncer toutes les propositions intermédiaires qui servent de lien entre la proposition générale et les propositions particulières qui en dépendent. En philosophie, dans le langage scientifique, toutes les fois qu'il s'agit de vérités abstraites et d'opérations dont l'enchaînement est difficile à saisir, le raisonnement déductif prend une forme rigoureuse, la forme du syllogisme. On appelle syllogisme un assemblage de trois propositions reliées entre-elles de telle sorte que, les deux premières, les *prémisses*, étant admises, la troisième, ou *conclusion*, en découle nécessairement. (Exemple : *Il faut aimer ce qui nous rend heureux. — La vertu nous rend heureux. — Donc il faut aimer la vertu.*)

La déduction va du général au particulier : l'induction va du particulier au général. L'induction s'élève de la connaissance des faits particuliers à la loi générale qui les régit.

Ainsi, je sais par mon expérience personnelle et par le témoignage des hommes que, jusqu'à présent, le soleil s'est levé tous les matins; j'en conclus qu'il se lèvera demain comme à l'ordinaire; voilà une induction ; j'affirme comme permanente la reproduction d'un fait dont je ne connais qu'un certain nombre d'exemples.

L'induction étend à tous les temps, à tous les lieux, les résultats de l'expérience. C'est elle qui nous permet d'affirmer que partout et en tout temps les corps sont attirés vers le centre de la terre ; que, partout et en tous temps, ils tombent dans le vide avec la même vitesse.

Elle étend à toute une espèce les propriétés observées dans un certain nombre d'individus. Nous ne connaissons pas tous les bœufs qui existent sur la surface de la terre; nous affirmons néanmoins que tous les bœufs ruminent.

On voit combien est hardi le procédé de l'induction, puisque ce raisonnement conclut du particulier au général, de la partie au tout, ce qui semble contraire aux règles de la logique. Les conclusions qu'elle fournit n'en sont pas moins légitimes. Quelle est donc la garantie logique, quel est le fondement de l'induction? C'est la croyance instinctive de l'homme à la stabilité des lois de la nature, croyance qui repose elle-mêmes sur ce principe que, dans les mêmes circonstances, les mêmes causes produisent les mêmes effets. Nous savons qu'il y a de l'ordre dans la nature, et c'est grâce au sentiment que nous avons de cet ordre universel que l'induction produit en nous la certitude.

Le raisonnement inductif peut être une occasion d'erreur lorsqu'on se hâte de généraliser, comme le font les enfants et les hommes d'imagination trop vive. L'induction, pour être légitime, doit reposer sur un nombre suffisant d'observations régulièrement faites; elle doit de plus être vérifiée par des expérience répétées.

Le véritable domaine de l'induction est celui des sciences physiques et naturelles; mais, dans la vie ordinaire, elle est d'un usage de tous les instants. C'est un acte familier à l'esprit humain; avant d'être une méthode, c'est une sorte d'instinct intellectuel.

Dans les exemples que nous avons cités plus haut, l'induction ne généralise qu'en s'appuyant sur des ressemblances constatées. Souvent aussi, elle conclut d'un objet à l'autre d'après leur ressemblance apparente; autrement dit, les ressemblances qu'elle aperçoit dans les objets lui en font supposer d'autres qu'elle n'a pas encore constatées, mais qu'elle devine; elle prend alors le nom *d'analogie*. Aussi, nous savons que l'œil est constitué exactement comme la chambre noire d'un photographe. Deux savants, Boll et Kühne, raisonnant par analogie, se demandent si l'œil ne serait pas un véritable appareil photographique; et ils découvent que les objets placés devant l'œil viennent en effet se photographier sur la rétine.

Dans la science, comme dans la vie ordinaire, le raisonnement par analogie nous rend les plus grands services. C'est en raisonnant par analogie que le savant Cuvier, avec quelques débris fossiles, a pu reconstituer la forme et le mode d'existence d'espèces entièrement disparues. C'est au même procédé que l'on doit l'invention du paratonnerre. L'étude de la géologie repose tout entière sur un raisonnement par analogie contenu dans l'hypothèse des *causes actuelles*, due à Sir Charles Lyell, hypothèse qui est la suivante : il y a tout lieu de croire que, aux diverses époques géologiques, les mêmes effets ont été dûs aux mêmes causes; si donc nous voulons savoir de quelle façon s'est formée l'écorce terrestre, il faut étudier les causes qui modifient actuellement cette même écorce.

N'oublions pas toutefois que, si l'induction produit la certitude, l'analogie ne fournit que des probabilités très variables. L'analogie met la science sur la voie des grandes découvertes ; mais, en attendant qu'il y ait des preuves suffisantes de ce qu'elle affirme, les résultats de l'analogie ne sont que des hypothèses, de simples conjectures. Ainsi, les ressemblances que l'on a constatées permettent de supposer que les planètes sont habitées comme la terre; on peut le supposer, sans doute; mais, jusqu'à nouvel ordre, quel savant digne de ce nom voudrait l'affirmer? Il en est de même dans la pratique de la vie. Nous devons nous contenter le plus souvent des probabilités que nous donne l'analogie ; cependant, de quelles erreurs n'est-elle pas la source ? Deux personnes se ressemblent de figure : combien de gens en concluront qu'elles ont le même caractère! Combien d'autres prennent des métaphores pour des raisons, par suite de fausses analogies entre le monde physique et le monde moral ! Apprenons donc, ici comme partout, à réserver, quand il le faut, notre jugement, et à subordonner au contrôle de la raison et de l'expérience les témérités de l'imagination !

## XII

*Comment faut-il entendre, dans le sens philosophique, le mot raison? Qu'est-ce que les principes régulateurs de la raison?*

**Développement**. — Dans le langage usuel, on entend par *raison* la faculté de distinguer le vrai du faux. On oppose la raison de l'homme à l'instinct de l'animal, la raison de l'homme fait à l'ignorance ou à la légèreté de l'enfant, la raison de l'homme maître de lui et de ses facultés intellectuelles au délire de la folie ou aux emportements de la passion. Mais la plupart des philosophes, tout en considérant la raison comme le fonds même de l'intelligence, donnent à ce mot un sens particulier. Ils appellent raison cette faculté supérieure qui conçoit avant toute démonstration certaines notions que l'on trouve à l'origine de toutes nos connaissances, certaines vérités qui sont impliquées dans tous nos jugements. « Les principes de la « raison, dit Leibnitz, sont aussi nécessaires pour penser que « les muscles et les tendons pour marcher. »

Ces notions, ces vérités fondamentales, apparaissent dans notre esprit avec les premières perceptions des sens et les premières données de la conscience.

Ainsi, quand nous percevons les choses extérieures, nous jugeons, sans pouvoir nous en dispenser, quelles sont placées à côté les unes des autres, c'est-à-dire dans l'*espace*. La notion d'*espace* est donc implicitement contenue dans toute perception.

Si nous regardons ce qui se passe en nous-mêmes, nous

voyons les pensées se succéder dans notre âme ; nous les plaçons à la suite les unes des autres, c'est-à-dire dans le *temps*. Sans la notion du *temps*, les phénomènes internes seraient inintelligibles.

Nous voulons accomplir tel ou tel acte, mouvoir un membre, ou fixer notre esprit sur une idée. La conscience nous apprend que c'est notre volonté qui détermine cet effort de la faculté motrice ou cette modification de la pensée, en d'autres termes, qu'elle est la *cause* de l'un et de l'autre phénomène. L'idée de *cause* est inséparable du fait psychologique qui nous montre une faculté agissant sur une autre faculté.

Au milieu de toute la variété de sentiments et d'idées dont notre âme est le théâtre, au milieu de toutes ces impressions qui tour à tour s'appellent, s'associent, se repoussent, nous trouvons dans notre conscience quelque chose qui ne varie pas, qui subsiste et qui persévère, qui est toujours identique, c'est le *moi*. Ce fonds permanent que nous découvrons en nous-mêmes, c'est la *substance*, c'est-à-dire ce qui persiste dans chaque être au milieu de toutes les modifications qu'il peut subir.

Nous ne tardons pas à nous apercevoir que l'espace et le temps ne finissent pas là où finissent les corps et les pensées. Notre imagination s'efforce de reculer les bornes de l'espace et du temps ; mais nous avons beau, suivant le mot de Pascal, *enfler nos conceptions*, parcourir en esprit de vastes étendues, entasser des siècles sur des siècles, nous n'arrivons jamais à toucher une limite au delà de laquelle il n'y ait plus rien. Nous comprenons alors que non-seulement l'espace et le temps ne finissent pas où finissent les autres choses, mais qu'ils ne finissent nulle part ; non seulement nous n'apercevons la limite ni de l'un ni de l'autre, mais nous affirmons que l'un et l'autre n'ont pas de limites. Notre raison conçoit ainsi les idées d'*immensité* et d'*éternité*.

L'idée de cause, que l'esprit, à la lumière de la raison, puise dans la conscience de son activité, n'est pas moins féconde en grandes conceptions. L'homme transporte cette idée de lui-même aux êtres qui l'entourent; il l'étend, la généralise, il en tire le principe de causalité: *tout fait a une cause.* Il ne tarde pas à découvrir dans l'univers un ensemble de causes et d'effets et, par suite, tout un système de moyens et de fins. Il reconnait que tout est organisé en vue d'un dessein, que rien n'est fait en vain dans la nature, que tout ce qui est a sa raison d'être; c'est ce qu'on appelle *le principe de raison suffisante.* C'est ainsi que l'homme s'élève à la conception d'ordre et de loi, non seulement dans le monde physique, mais dans le monde moral. La raison l'avertit que l'intelligence et la volonté ont leurs lois comme toutes choses, et que sa destinée est de se conformer à ces lois. La notion du bien, d'abord vague et confuse, s'éclaircit et s'épure dans sa conscience, en même temps que la notion du vrai guide sa pensée, et que le sentiment du beau s'épanouit dans son imagination et dans son cœur.

On peut ainsi rendre compte de la manière dont apparaissent dans l'esprit de l'homme toutes les idées qui dépassent l'expérience, et dont l'expérience est, non l'origine, mais l'occasion. Toujours la raison humaine s'élance au delà de ce que lui révèlent les sens et la conscience. Ce que l'homme trouve dans la vie réelle, dans la nature, en lui-même, c'est le relatif, le fini, l'imparfait; mais, en face du relatif, il conçoit l'absolu; en face du fini, l'infini; en face de l'imparfait, la perfection. Ces notions supérieures ne lui viennent pas du dehors; il les fait sortir de lui-même; c'est un flambeau qui s'allume au contact des réalités, ou, comme le dit Leibnitz: « ces idées sont dans « l'âme ce que les veines sont dans le marbre, qui dessineraient « à l'avance une figure que le ciseau n'aurait plus qu'à dégager. »

L'espace et le temps; la substance et la cause; l'infini, l'absolu et le parfait; telles sont les notions premières et fondamentales qui sont inhérentes à l'intelligence humaine. Il faut y ajouter certains principes que l'on nomme *vérités premières*, principes qui ont un caractère plus particulièrement logique et qui se trouvent au fond de tous nos jugements ; par exemple, *le principe d'identité* : ce qui est, est ; le même est le même ; *le principe de contradiction* : on ne peut pas en même temps affirmer et nier une même chose. Ces principes, qui ne nous apprennent rien de nouveau, n'en sont pas moins le fondement de toute démonstration et la garantie de la certitude. On peut comprendre aussi parmi les vérités premières les axiômes mathématiques : *Le tout est plus grand que la partie ; deux quantités égales à une troisième sont égales entre elles*, etc. En apparence, les axiômes sont des propositions insignifiantes et stériles ; mais c'est sur ces propositions que s'appuie toute la science.

Quels sont les caractères de ces notions ou vérités premières qui constituent le fond de l'intelligence humaine ? 1° Elles sont *évidentes par elles-mêmes*. Ce sont des propositions si claires qu'elles ne peuvent être prouvées ni combattues par des propositions qui le soient davantage. 2° Elles sont *nécessaires* : l'esprit ne peut les nier sans se contredire lui-même. Il est impossible, sans absurdité manifeste, de nier la vérité d'un axiôme. Il est également impossible de supprimer par la pensée l'espace et le temps. Je puis bien me figurer que les corps qui m'entourent n'existent pas, je ne puis supposer que l'espace soit anéanti ; les corps sont choses *contingentes* ; l'espace est *nécessaire*. 3° Elles sont *immuables*. 4° Elles sont *universelles*, c'est-à-dire elles sont de tous les temps et de tous les lieux et vraies pour tous les hommes. C'est par elles, comme l'a dit Fénélon, que tous les hommes communient dans la vérité.

Ajoutons que les vérités premières, les vérités de la raison, représentent ce qu'il y a dans l'homme de plus noble et de plus élevé. C'est la raison qui distingue l'homme de l'animal : c'est par la raison qu'il se rapproche de Dieu ; c'est par elle qu'il est fait à son image. La raison est la part de l'intelligence divine dans la pensée humaine.

## XIII

*De la mémoire ; de ses conditions, de ses lois, de ses diverses espèces, et des moyens de la perfectionner.*

**Développement.** — La mémoire est la faculté que nous avons d'unir le passé au présent et de nous rappeler nos idées. Par la mémoire, nous pensons ce que nous avons pensé déjà, avec la certitude que nous l'avons déjà pensé, qu'un intervalle s'est écoulé entre les deux faits, et que nous qui pensons et qui avons pensé sommes bien et toujours la même personne. C'est ce que l'on appelle *notion de durée* et *d'identité*.

C'est à la mémoire que se rapportent les phénomènes intellectuels appelés souvenirs et réminiscences.

Dans le souvenir, nous avons une idée nette et précise de l'objet que nous avons connu. Ainsi, je suppose que l'on ait cité hier, devant moi, un vers d'un grand poète ; je me rappelle le nom de la personne qui a cité le vers, son attitude, son geste, sa voix, le lieu, le moment où le fait s'est passé ; voilà un souvenir bien déterminé, un souvenir parfait. Au moment où j'écris ces lignes, je reproduis peut-être, sans m'en apercevoir, une phrase que j'ai lue dans un ouvrage de philosophie ; je la reproduis en me figurant qu'elle est de moi ; elle est restée dans ma mémoire sans que je le sache ; voilà une réminiscence. « C'est « ainsi, dit Leibnitz, qu'une infinité de pensées nous revient que « nous avons oublié d'avoir eues. » On peut dire, en somme, qu'il y a souvenir, lorsqu'on *reconnaît* l'idée qui revient à l'esprit, ou, plus exactement, lorsqu'on reconnaît l'état d'esprit où l'on se trouvait au moment d'une perception antérieure.

L'objet du souvenir, c'est le *moi* dans le passé; suivant le mot de Royer-Collard, nous ne nous souvenons que de nous-mêmes.

Le souvenir est tantôt spontané, tantôt volontaire et réfléchi; le souvenir peut, en effet, s'offrir à notre esprit sans que nous ayons rien fait pour le provoquer. Tel est le souvenir spontané. Le souvenir réfléchi a toujours pour origine un souvenir spontané; mais il s'éclaircit et se complète par un effet de l'attention et de la volonté.

Les trois qualités principales d'une bonne mémoire sont : la facilité, la fidélité et la promptitude. La facilité consiste à apprendre vite; la fidélité, à conserver longtemps le souvenir; la promptitude, à le retrouver au moment où l'esprit le réclame. Une mémoire qui réunirait ces trois qualités serait parfaite; mis il est très rare qu'un homme les possède au même degré. Il arrive même le plus souvent que les deux premières qualités sont en rapport inverse; quand on apprend vite, on oublie vite, parce que la durée du souvenir est généralement en rapport direct avec l'effort d'attention qui l'a fixé dans l'esprit.

Les hommes, du reste, ne sont pas tous également organisés pour se rappeler les mêmes choses. Bien que la mémoire soit une, on peut dire qu'il y a plusieurs espèces de mémoires : mémoire des mots, des chiffres, des dates, des personnes; mémoire des impressions sensibles, mémoire des conceptions rationnelles. Cette diversité s'explique par les prédispositions héréditaires, par le tempérament, par l'habitude, et aussi par le plus ou moins de plaisir que nous causent les objets de nos sensations.

Certaines conditions physiologiques favorisent la facilité et la fidélité de la mémoire : la santé, la jeunesse, la sobriété, le jeu régulier des fonctions cérébrales. On sait que la débauche, l'alcoolisme, l'abus du tabac, ont pour conséquence l'affaiblissement et même la perte totale de la mémoire.

C'est par l'exercice, par une culture méthodique, que la

mémoire se développe et se perfectionne. Malgré la diversité des aptitudes naturelles, la mémoire que l'on possède le plus est celle que l'on a le plus exercée. Comme cette faculté a beaucoup d'analogie avec l'habitude, l'attention et la répétition des mêmes idées sont des conditions essentielles du souvenir. Chacun de nous a pu en faire l'expérience : si l'on est distrait, on peut relire plusieurs fois la même page sans qu'il en reste rien dans l'esprit. Il en est tout autrement avec un effort d'attention. Lorsque, suivant un dicton populaire, les paroles qu'on nous a dit entrent par une oreille et sortent par l'autre, c'est que nous entendons sans écouter. Mais l'attention ne suffit pas toujours pour assurer la durée du souvenir. Ainsi que le remarque M. Taine « on oublie beaucoup de mots d'une langue, lorsqu'on « cesse plusieurs années de la parler. Il en est de même d'un « air qu'on ne chante plus, d'une pièce de vers que l'on ne « récite plus, d'un pays qu'on a quitté depuis longtemps. » Il est donc nécessaire de revenir sur les perceptions antérieures, de les repasser, de les *répéter*, en quelque sorte, comme l'écolier se répète à lui-même la leçon qu'il veut apprendre. Cette répétition des mêmes pensées produit tout son effet lorsque, en se rappelant les notions emmagasinées dans la mémoire, on y réfléchit, on les médite, on les creuse, pour en bien pénétrer le sens et l'étendue. C'est en cela que consiste véritablement la mémoire *raisonnée* ou *philosophique*. Pour apprendre et pour retenir, il faut comprendre, c'est-à-dire qu'il faut mettre de l'ordre dans nos idées, les grouper et les lier d'après leurs rapports logiques en écartant les associations arbitraires et capricieuses. « Les idées qui ont une suite naturelle, dit la *Logique* « *de Port-Royal*, s'arrangent beaucoup mieux dans notre « mémoire, et se réveillent bien plus aisément les unes les « autres. » Ainsi une leçon qui forme un tout régulièrement disposé, où chaque chose est à sa place, où les menus faits sont dominés par des vues d'ensemble qui les résument, sera plus vite et mieux comprise des élèves, et, par suite, laissera dans leur esprit des souvenirs plus durables.

Tels sont les moyens par lesquels on peut exercer et développer la mémoire d'une manière rationnelle, et sans courir le risque de fausser le jugement. Les procédés artificiels que l'on a imaginés pour faciliter le travail de la mémoire peuvent produire un résultat momentané, mais le plus souvent ils sont stériles et même dangereux. La *mnémotechnie*, comme on l'appelle, n'exerce pas l'intelligence ; elle lui impose même un surcroît de fatigue, et, ce qui est le plus grave, elle habitue l'esprit à des associations d'idées qui n'ont rien de logique. Il faut bien se persuader qu'il n'y a pas d'art d'apprendre facilement les choses difficiles. Rien ne peut suppléer à l'énergie persévérante du travail et à la bonne direction de l'esprit. Pour développer et perfectionner la mémoire, il faut apprendre beaucoup et apprendre bien. C'est ainsi qu'on l'enrichira sans l'encombrer, et que l'intelligence fera provision pour l'avenir de connaissances vraiment utiles et fécondes.

## XIV

### *De l'association des idées et de son rôle dans la vie intellectuelle et morale.*

**Développement.** — On appelle association des idées cette propriété qu'ont nos idées de s'appeler, de s'éveiller, en quelque sorte, les unes les autres, et de s'unir d'après certains rapports. « Toutes nos idées, dit Pascal, s'entretiennent par un « lien naturel et insensible, qui lie les plus éloignées et les « plus indifférentes. » Nous ne passons pas sans transition d'une idée à une autre, d'un souvenir à un autre souvenir. Tout se tient et s'enchaîne dans notre esprit.

Tantôt ces rapprochements dépendent de la nature même des choses ; ils résultent de ressemblances essentielles et profondes dont la conception s'impose à l'intelligence; ce sont les rapports logiques et rationnels. Tels sont les rapports de cause à effet, de moyen à fin, de principe à conséquence, et réciproquement. Ainsi, un homme trouve sur son chemin une somme d'argent: comment est-elle en cet endroit ? Qui l'a perdue ? (Rapport d'effet à cause). Il songe à tout ce qu'il pourrait se procurer avec cet argent. (Rapport de moyen à fin). Mais sa conscience lui dit qu'on n'a pas le droit de s'approprier ce que l'on trouve; il doit donc, pour n'être point un voleur, s'enquérir du propriétaire et lui rendre son bien. (Rapport de principe à conséquence.) On peut aussi considérer comme lien logique celui qui unit l'individu à l'espèce, l'espèce au genre, et réciproquement. Il en est de même pour le signe et la chose signifiée. La vue d'une arme rappelle l'idée de la guerre, le drapeau fait songer à la patrie, un emblême quelconque évoque l'idée de l'objet qu'il représente. Mais bien souvent l'association des idées résulte de rapports accidentels, et, en apparence, fortuits; je dis : en apparence, car il n'y a rien de fortuit dans l'intelligence humaine, et il existe toujours une raison qui unit une idée à l'autre par un lien plus ou moins visible. Par exemple, l'aspect des lieux nous rappelle des événements qui s'y sont produits, les personnes qui les ont habités. Un nom propre, une date, éveille le souvenir d'un fait historique. Les homonymes, les analogies de mots, et pour appeler la chose par son nom vulgaire, le calembourg, sont des exemples d'associations d'idées étranges et bizarres fondées sur une ressemblance de son et une différence de sens. Ainsi peuvent s'expliquer une foule d'impressions dont souvent nous ne nous rendons pas compte, certaines émotions douces ou pénibles qui viennent tout-à-coup nous surprendre, des mouvements vagues de sympathie pour telle ou telle personne dont la présence a coïncidé pour nous avec une idée agréable. En effet, quand nous avons perçu deux objets dans le même temps, quand deux idées ont été une fois en présence dans notre esprit, nous avons dans l'avenir une tendance invincible à les rapprocher, et nous ne pouvons guère penser à l'une sans penser à l'autre. Cette simultanéité est le fait primordial de l'association des idées.

Les liaisons d'idées fondées sur des rapports logiques, c'est-à-dire sur la nature des choses et sur les lois de la raison, ne sont pas, à vrai dire, un fait particulier de l'activité intellectuelle ; c'est la condition de son existence ; c'est la pensée elle-même. Juger, c'est lier deux idées ; raisonner, c'est lier deux jugements. Aussi quelques philosophes refusent-ils de les comprendre dans les associations d'idées proprement dites, et réservent-ils cette dernière appellation aux associations capricieuses, dans lesquelles la sensation et l'imagination jouent le principal rôle.

C'est la volonté qui préside aux liaisons d'idées rationnelles. L'intervention de la volonté est la condition de tout travail intellectuel sérieux, de la réflexion, de l'application à l'étude. Chercher la solution d'un problème, c'est assembler, retenir, coordonner certaines idées, pour les unir logiquement, en écartant celles qui sont indifférentes à la question. Quand l'esprit est distrait ou s'abandonne à la rêverie, quand les idées s'associent sans direction et sans règle, au hasard des influences extérieures, c'est que la volonté laisse en quelque sorte flotter les rênes de l'intelligence.

Les associations fausses, arbitraires, capricieuses, sont la source d'un grand nombre de préjugés et de superstitions. La croyance aux jours néfastes, à l'influence du vendredi, du nombre treize, de la salière renversée, d'une araignée aperçue le matin ou le soir, n'ont pas d'autre origine. Il suffit qu'un événement malheureux ait coïncidé avec telle ou telle circonstance pour que l'imagination associe les deux faits et les regarde comme inséparables, et que l'erreur se transmette de génération en génération.

L'association des idées exerce la plus grande influence sur la formation du caractère intellectuel. Les hommes chez lesquels prédomine l'habitude des associations logiques, sont en général des esprits sérieux, posés, méthodiques, comprenant quelquefois lentement parce qu'ils s'attachent à bien comprendre et à pénétrer le fond des choses, mais capables d'aller très loin et moins exposés que les autres à se tromper. Chez eux l'habitude des associations logiques peut développer au plus haut point certaines aptitudes et devenir une véritable puissance. Les autres, ceux qui se contentent des apparences, qui ne voient les choses qu'à la surface, qui se plaisent même aux rapprochements les plus éloignés et les plus inattendus, sont des esprits légers, brillants, originaux à leur manière. Chez eux, les associations d'idées vives, soudaines, ingénieuses, éclatent en saillies, en traits piquants, en mots à effet. De tels esprits ont plus d'éclat que de solidité. Ces vives saillies ressemblent un peu à des étincelles qui, suivant le mot de Buffon, ne brillent un moment que pour nous laisser ensuite dans l'obscurité. Comme on l'a dit avec raison, l'esprit sert à tout et ne suffit à rien.

L'influence de l'association des idées ne se fait pas moins sentir sur le caractère moral. Les tristesses vagues et sans objet, les terreurs vaines, certaines répugnances dont la cause nous échappe, nos goûts, nos préférences, nos ridicules même, sont le résultat d'associations d'idées qu'on a gardées de l'enfance, ou qu'on a laissé se former sans y prendre garde. Ces associations d'idées s'unissent dans notre esprit à l'idée de bien et de mal, entraînent la volonté et gouvernent la conduite. Elles peuvent rendre l'homme injuste et méchant, s'il ne fait appel pour les combattre, à toutes les lumières de la raison. Que de préventions, que d'antipathies non justifiées, que de haines terribles, viennent d'une coïncidence toute fortuite entre deux impressions ! Dans la vie publique, ce sont des associations d'idées fausses ou inexactes qui produisent les préjugés religieux et politiques, et, par suite, tous les excès de l'intolérance.

On voit combien il est important de surveiller chez les enfants les associations d'idées, et de donner à leur esprit de bonnes habitudes. C'est en les habituant à des associations d'idées justes et rationnelles, qu'on formera leur jugement, et qu'on les mettra en garde contre les erreurs et les sophismes qui entraînent dans la vie publique et privée les plus déplorables conséquences.

## XV

### *De l'imagination, de ses diverses espèces ; de l'imagination dans les beaux-arts.*

**Développement.** — L'imagination n'est pas seulement la faculté de nous retracer l'image des objets absents ou éloignés, en les reproduisant purement et simplement. Elle transforme, dispose, arrange à sa fantaisie les souvenirs de la perception, et elle les transforme plus souvent en les amplifiant qu'en les diminuant. L'image qui est restée dans mon esprit lorsque l'objet a disparu, ne tarde pas à se dénaturer; elle s'agrandit, se rapetisse, se modifie dans son ensemble et dans ses détails. Cette transformation peut être inconsciente ; elle peut être aussi le résultat de ma volonté. Je puis me figurer, à la place des hommes que j'ai vus, des géants ou des pygmées ; à la place d'une maison d'apparence modeste, un magnifique palais; à la place des arbres tels que la nature en produit, un arbre d'une hauteur et d'une beauté merveilleuses.

L'imagination forme de nouvelles combinaisons avec les éléments que la réalité lui fournit. L'enfant qui s'amuse à dessiner, et, qui, essayant de reproduire un paysage qu'il a eu devant les yeux, met une chaumière, un arbre, une charrue, là où ces objets n'existent pas réellement, combine sous des rapports nouveaux les données de l'expérience. L'imagination va plus loin ; elle invente des chimères, des monstres, des animaux fantastiques. Elle transporte à travers le temps et l'espace des personnages fabuleux, en leur prêtant des aventures extraordinaires. Telle est l'origine des contes, des féeries, des légendes mythologiques.

Son activité ne s'applique pas seulement à des objets matériels. En vertu de certaines analogies qu'elle a remarquées entre le physique et le moral, elle fait servir les formes sensibles à exprimer les émotions de l'âme, les idées abstraites. De là dérivent les *comparaisons*, les *métaphores*, les allégories, les symboles. Le temps est *figuré* sous les traits d'un vieillard armé d'une faux ; la justice devient une femme qui tient une balance, la guerre un dieu dont le char ébranle les villes. C'est ce qui a fait dire souvent que la poésie est une peinture ; en effet, il n'y a point de poésie sans images. Le langage lui-même nous offre à tout moment l'exemple de faits moraux exprimés par des mots empruntés du monde physique. Si l'on se reporte à l'étymologie, on verra que presque tous les mots qui expriment les sentiments du cœur ou les opérations de l'intelligence ont commencé par être des métaphores : *l'émotion* est un *mouvement*, *l'esprit* un *souffle*, *l'étonnement* un *effet du tonnerre*.

Mais l'intelligence humaine va au delà des réalités du monde physique et moral, et conçoit quelque chose qui leur est supérieur. Les individus que nous connaissons ne possèdent qu'un certain nombre des qualités de leur espèce. En réunissant toutes ces qualités dans un individu dont il se forme l'idée, l'esprit conçoit ce qu'on appelle un *type*, c'est à dire un être imaginaire qui résume les caractères essentiels de l'espèce, type de vertu ou de beauté, de vice ou de laideur. Ces types varient suivant les habitudes de ceux qui les conçoivent ; les nègres et les Hottentots ne se font pas de la beauté humaine l'idée que s'en faisaient les Grecs et que s'en font aujourd'hui les Européens. Les héros de l'antiquité ne sont plus dans le théâtre de Racine ce qu'ils étaient chez les poètes anciens qu'il a pris pour modèles.

Tout homme est plus ou moins capable de concevoir l'idée d'un type supérieur à la réalité; mais cette idée, dans l'esprit de la plupart des hommes, est incomplète, vague et confuse; ils se créent un idéal à leur manière, idéal quelquefois bizarre, puéril ou grossier. Ce qui leur manque surtout, c'est le don *d'exprimer* leur idéal, quelqu'il soit, de le faire vivre et respirer dans une œuvre qui ait la grandeur, la force et la grâce. Une telle œuvre, l'artiste de génie est seul capable de la produire.

Nous arrivons ainsi au degré le plus élevé de l'imagination, c'est-à-dire, à l'imagination créatrice, celle qui réalise, à l'aide des matériaux fournis par l'expérience, l'idéal conçu par la raison.

Cet idéal, que les esprits ordinaires ne font qu'entrevoir, brille de tout son éclat aux yeux de l'artiste dans les régions de l'infini et de l'absolu. Il n'éclaire pas seulement son intelligence; il échauffe son cœur. L'artiste est tourmenté du désir de l'exprimer, de donner un corps à ses conceptions, de faire voir aux autres ce qu'il contemple en lui-même. Il a tout à la fois la passion et le plaisir de créer. Il s'éprend de l'œuvre qui va jaillir de son cerveau; l'enthousiasme l'anime et le transporte; les souvenirs se combinent dans son esprit en associations soudaines et brillantes; les images agrandies des objets se succèdent en foule ou s'arrêtent comme avec complaisance devant ses yeux; l'inspiration semble accumuler devant lui tous les moyens d'expression.

Mais, parmi ces moyens d'expression dont le génie dispose, il est nécessaire de faire un choix : c'est l'œuvre du goût. Parmi les formes sensibles que la réalité présente à l'imagination, toutes ne conviennent pas à l'idée. Il faut que l'artiste, guidé par un sentiment exact des rapports entre l'idée et l'expression, écarte les unes, retienne ou évoque les autres; il faut ensuite qu'il arrange et dispose ces matériaux, pour en former un ensemble dominé par une unité supérieure à laquelle tous les détails soient subordonnés. L'unité est, en effet, la condition de l'ordre, et l'ordre est une des conditions de la beauté.

C'est alors que le génie de l'artiste, parvenu, selon le mot de Buffon, au point de maturité de la production de l'esprit, se met à travailler la matière pour la pétrir à l'image de son idée. Sculpteur, il taille le marbre ; peintre, il nuance les couleurs ; musicien, il combine les sons ; poète, il trouve, souvent sans les chercher, les mouvements, les figures, les mots. Et ce n'est pas ici la partie la moins rude de sa tâche. L'inspiration ne suffit pas à produire un chef-d'œuvre ; il y faut encore l'habileté, c'est-à-dire un talent qui s'acquiert par le travail, par l'étude, par l'apprentissage de ce qu'on appelle le métier.

Cette fois l'imagination a réalisé son effort suprême ; elle a uni dans une forme précise et déterminée, dans un corps qu'elle a doué de la vie, qu'elle a créé, autant du moins qu'il est permis à l'homme de créer quelque chose, l'idéal et le réel, l'esprit et la matière, l'invisible et le visible. Elle a fait une œuvre d'art, une statue, un tableau, un chant, un poème ; elle a produit le *beau* ; elle a revêtu d'une forme concrète et vivante le type de perfection idéale que la plupart des hommes avaient entrevu dans leurs rêves, mais qu'ils étaient impuissants à réaliser.

## XVI

*Qu'est-ce que le beau? Distinguer le beau du vrai, du bien, de l'utile, de l'agréable.*

**Plan.** — I. Qu'est-ce que le beau? C'est l'union de l'idéal et du réel, c'est-à-dire l'expression d'une idée abstraite, d'un sentiment, d'une passion, dans une œuvre d'art qui satisfait la raison et charme les sens ou l'imagination. Exemples : La majesté divine, dans le Jupiter Olympien ; la générosité, dans Cinna ; la passion de l'amour, dans Phèdre.

2. Les conditions (mais non l'essence) du beau, sont : la grandeur et la puissance, sans lesquelles l'idée ne se ferait pas assez vivement sentir ; l'ordre, qui résulte de l'unité dans la variété ; la convenance, c'est-à-dire le choix d'un milieu, d'un cadre qui soit en harmonie avec l'objet représenté.

3. Le beau est distinct du vrai. L'art et la science ont chacun leur domaine. Les vérités abstraites ne s'adressent qu'à la raison ; elles n'ont rien qui charme l'imagination et qui touche le cœur. Le mot fameux de Boileau : *Rien n'est beau que le vrai*, ne peut pas être pris à la lettre ; la vérité, pour être belle, doit être revêtue de formes sensibles.

4. Le beau est distinct du bien ; il n'implique pas l'idée d'obligation ; il n'est pas une règle de conduite.

5. Le beau est distinct de l'utile. Si le beau était l'utile, rien ne serait plus beau, comme l'a dit Platon, qu'une marmite, car rien n'est plus utile. Le beau se suffit à lui-même ; nous admirons une œuvre belle parce qu'elle est belle, sans nous demander à quoi elle peut servir.

6. Le beau est distinct de l'agréable. Sans doute, le beau est agréable, mais ce qui est agréable, c'est-à-dire ce qui flatte les sens, n'est pas toujours beau. Une odeur, une saveur, peut être agréable ; elle n'est pas belle.

7. Malgré ces différences, il existe une relation étroite entre le vrai, le beau et le bien. Le beau ne satisfait la raison qu'à la condition d'exprimer le vrai et de ne point blesser la conscience morale.

## XVII

*Expliquer cette parole de Platon :*

« *L'impression du beau est comme un air pur et sain qui apporte la santé.* »

**Plan.** — 1. Quand on peut échapper à la lourde atmosphère des villes, et respirer au bord de la mer ou en pleine campagne un air pur et sain, on croit respirer la santé et la vie ; telle est l'impression produite sur l'âme par le beau.

2. D'abord, la vue d'un chef-d'œuvre satisfait ce besoin d'idéal que tout homme ressent avec plus ou moins de vivacité ; elle nous transporte dans un monde supérieur à la réalité et nous élève au-dessus de nous-mêmes.

3. L'émotion esthétique, c'est-à-dire celle que fait naître la vue du beau, est désintéressée. Le beau, suivant l'expression de Kant, est l'objet d'une satisfaction libre de tout intérêt. Cette émotion est donc plus propre que toute autre à nous faire oublier les soucis mesquins, les calculs et les préoccupations égoïstes qui nous tourmentent dans la vie réelle. Elle est noble, pure, généreuse.

4. L'impression du beau, essentiellement communicative, développe les sentiments de sympathie et de bienveillance. L'homme est heureux de partager avec ses semblables l'admiration qu'un chef-d'œuvre lui fait éprouver.

5. Cette impression est d'une nature sereine et tranquille. Elle peut aller jusqu'à l'enthousiasme sans troubler l'âme. Elle apaise les mouvements désordonnés des passions, comme un air pur et sain rafraîchit le sang et calme la fièvre.

6. L'impression du beau satisfait à la fois la raison, l'imagination et la sensibilité ; elle représente le complet épanouissement de la vie morale, comme la santé est l'épanouissement moral et régulier de la vie physique.

## XVIII

*On a appelé l'imagination « la folle du logis », une maîtresse d'erreur... une partie décevante dans l'homme... Pourquoi?*

**Plan.** — 1. L'imagination nous abuse de toutes les manières. D'abord, elle altère la vérité des perceptions sensibles. Que de fois nous fait-elle voir des objets, entendre des sons, qui n'ont rien de réel! C'est elle qui montre à Bélise des clochers dans la lune (Femmes savantes, act. III. sc. II) ; c'est elle qui transforme des arbres du chemin en brigands ou en fantômes, etc.

2. Elle produit tous les faux jugements qui naissent des associations d'idées illogiques. Elle donne aussi naissance aux hypothèses erronées qui retardent les progrès de la science.

3. Sous son influence, nos espérances et nos craintes se changent en réalités, les événements les plus improbables prennent un caractère de certitude. Elle exagère, dénature toutes choses au gré de l'émotion du moment.

4. Elle transporte les esprits romanesques dans un monde chimérique, où ils perdent le sentiment et le goût de la vie réelle. Elle entraîne l'homme à la poursuite d'un faux idéal et le pousse quelquefois au fanatisme, au désespoir, au crime.

5. Il importe donc, que l'imagination soit bien réglée et qu'elle soit toujours contenue par la raison.

## XIX

*De l'activité en général ; de ses diverses espèces ; l'activité physique, intellectuelle et morale. — Conclusions pédagogiques.*

**Développement.** — L'activité, à vrai dire, n'est pas une faculté à part ; c'est le caractère essentiel, le fond même de notre être. Toutes nos facultés sont actives; toujours et à tout moment, spontanément ou par réflexion, l'âme sent, pense et veut quelque chose.

Cette activité se manifeste en s'exerçant sur divers objets tantôt elle détermine certains mouvements du corps; elle s'appelle alors *l'activité motrice* ou *l'activité physique*. Tantôt elle produit les divers actes de l'entendement, attention, comparaison, jugement, etc; c'est l'activité *intellectuelle*. Tantôt enfin elle nous apparaît dans la volonté qui se règle et se gouverne elle-même en vue de l'accomplissement du bien; c'est *l'activité morale*.

Mais, quel que soit l'objet sur lequel elle s'exerce, l'activité passe par trois états : l'instinct, la volonté, l'habitude.

L'instinct se montre en nous dès notre arrivée à la lumière; il devance les enseignements de l'expérience et les décisions de la volonté. C'est par instinct que l'enfant, sans savoir pourquoi ni comment il le fait, remue les lèvres pour chercher le sein de sa nourrice, tend les muscles de son corps, pousse des cris qui expriment le désir ou la souffrance. Tel est le premier caractère des actes instinctifs; ils sont aveugles, irréfléchis; l'homme, ou plutôt l'animal qui est dans l'homme, les accomplit sans avoir conscience du but à atteindre, ni des moyens de l'atteindre.

Chez l'homme, comme chez l'animal, l'instinct a une double fin; la conservation de l'individu et la conservation de l'espèce; chez l'un comme chez l'autre, il est fatal, héréditaire, toujours le même chez les individus de la même espèce, toujours en rapport avec l'organisme. Tout animal est organisé pour faire ce que son instinct demande, et l'instinct le pousse à faire ce que son organisme peut exécuter.

L'instinct est donc un mode d'activité inférieur qui est commun à l'homme et à l'animal, mais qui est bien plus développé chez l'animal que chez l'homme. Guidé par l'instinct, l'animal cherche, sans hésiter, sans se tromper, ce que réclame son organisation. Le ruminant va droit à l'herbe qui lui convient, l'oiseau construit un nid suffisant pour s'abriter avec sa couvée. En revanche, si l'instinct de l'animal est sûr et infaillible, il n'est guère susceptible de perfectionnement. Les abeilles font encore aujourd'hui leurs ruches comme elles les faisaient au temps de Virgile.

Il serait cependant téméraire d'affirmer que l'instinct de l'animal soit complètement immobile et invariable. Nous voyons, même chez les animaux, les instincts se transformer, soit par l'action de l'homme, soit par celle de la nature. Les résultats obtenus par l'élevage, par le dressage, par l'acclimatation, en sont la preuve. Le climat, le milieu, les conditions atmosphériques, d'autres circonstances naturelles ou accidentelles, peuvent aussi modifier la manière de vivre des animaux. La *fauvette sutoria*, dit M. Janet (*Traité de philosophie*, p. 87), « coud « les feuilles qui composent son nid avec des bouts de fil qu'elle « va voler dans les habitations. A moins de supposer que cet « oiseau a été créé après l'invention du fil, ce qui est bien peu « probable, il faut croire qu'auparavant elle faisait son nid « autrement. » On peut dire toutefois que cette variabilité elle-même fait partie de l'instinct, la nature ayant voulu que l'animal pût adapter sa manière de vivre et ses habitudes au milieu qui l'environne. C'est même sur cette tendance des animaux à modifier leur instinct sous l'influence des milieux, qu'est fondée une doctrine célèbre, le *transformisme*, doctrine selon laquelle les espèces que nous voyons seraient toutes sorties d'espèces inférieures par une série de transformations et de perfectionnements, et l'homme lui même, le dernier venu dans la nature, serait le terme suprême de cette évolution. Nous n'avons pas à juger ici la doctrine transformiste ; mais, qu'on l'adopte ou qu'on la rejette, il n'en est pas moins vrai que les variations d'instinct chez l'animal se produisent fatalement, sous l'influence d'une nécessité extérieure, tandis que l'homme, sans changer le fond de sa nature, a le pouvoir de développer, d'améliorer, de discipliner ses instincts et ses penchants naturels. Chez l'animal, c'est la vie instinctive qui domine et triomphe; chez l'homme, la vie instinctive fait bientôt place à la vie intellectuelle et morale, l'activité fatale et presque inconsciente à l'activité libre et réfléchie.

Cette activité qui se déploie librement, avec la connaissance d'un but déterminé et des moyens de l'atteindre, c'est ce qu'on appelle *la volonté*. Elle est réfléchie, elle est libre; voilà les deux caractères qui la distinguent de l'activité spontanée.

Le troisième mode d'activité est *l'habitude*. Les actes volontaires accomplis d'abord au prix de laborieux tâtonnements, s'accomplissent ensuite avec facilité, sans fatigue et comme d'eux-mêmes, quand ils ont été souvent répétés. Nous éprouvons même du plaisir à les produire de nouveau. « Les actes, « dit Malebranche, produisent les habitudes, et les habitudes « produisent les actes. »

Ce que nous faisons par habitude, nous le faisons sans que l'attention ait besoin d'intervenir, avec la sûreté, la perfection, l'infaillibilité qui sont les caractères de l'instinct. C'est en ce sens que l'habitude, comme on l'a dit souvent, est une seconde nature. Mais, si les actes habituels et les actes instinctifs ont certains caractères communs, ils se distinguent les uns des autres par une différence essentielle. Les instincts ont leur origine dans la nature; nos habitudes sont le plus souvent notre œuvre. Les instincts nous sont imposés fatalement; ils sont la conséquence même de notre organisation; tandis que nous sommes toujours maîtres de contracter une habitude, de la fortifier, de l'affaiblir et même de la remplacer par une habitude contraire. Nous ne sommes pas responsables des instincts que nous apportons en venant au monde; nous sommes responsables de nos habitudes.

## XX

### *De l'habitude et de son rôle dans la vie physique, intellectuelle et morale.*

**Plan.**—1. *Définition.*—L'habitude est une disposition acquise sous l'action prolongée des mêmes influences, ou par la répétition des mêmes actes. Dans le premier cas, l'habitude est dite *passive*, parce qu'elle a son origine dans des faits dont la cause est hors de nous : dans le second, elle est dite *active*, parce qu'elle résulte de faits dont la cause est en nous.

2. *Effets de l'habitude sur la sensibilité physique et morale.* Avec l'habitude, les sensations perdent de leur vivacité. (Exemple : la température, les odeurs, les saveurs, les sons).

L'habitude émousse également la sensibilité morale. La continuité use le plaisir et la douleur. Avec l'habitude, les spectacles sanglants, la mort elle-même, cessent de nous émouvoir.

Il faut reconnaître toutefois que, dans certaines circonstances, l'habitude semble exalter la sensibilité : on goûte mieux certains plaisirs en les répétant, on sent plus vivement certaines douleurs en s'y abandonnant. Mais il s'agit ici d'un phénomène complexe dans lequel intervient l'activité intellectuelle et volontaire. Toute impression que la volonté ne vient pas entretenir et ranimer, s'affaiblit et s'éteint à la longue comme un feu qui n'est pas nourri.

3. *Effets de l'habitude sur l'activité physique.* — Les mouvements du corps sont d'abord instinctifs, ils sont ensuite voulus. Lorsque la volonté a longtemps gouverné la faculté motrice, le mouvement se continue de lui-même. (Exemple : l'enfant apprend à marcher ; il marche ensuite par habitude. Autre

exemple : les arts mécaniques, les professions spéciales.) Tout métier est une habitude contractée.

4. *Effets de l'habitude sur l'activité intellectuelle.* — Toutes nos facultés se perfectionnent par l'exercice. L'habitude crée ou développe les habitudes spéciales. Exemples : l'artiste, le mathématicien, l'orateur, etc.)

5. *Effets de l'habitude sur la moralité.*— C'est la volonté qui le plus souvent engendre l'habitude ; mais l'habitude à son tour fortifie la volonté. Avec une volonté persévérante et vigoureuse, la pratique du bien nous devient naturelle et nous coûte de moins en moins. Les bonnes habitudes, solidement établies, sont des vertus ; les mauvaises habitudes sont des vices.

## XXI

### *De la volonté : de son caractère propre. Distinguer la volonté de l'instinct, de l'habitude et du désir.*

**Développement.** — Il se passe en nous-mêmes des phénomènes dont la cause est hors de nous, que nous subissons sans les produire : telles sont les impressions organiques, les sensations, la perception des objets sensibles, etc. Il en est d'autres, au contraire, que nous pouvons produire, suspendre, continuer, renouveler, quand et comme nous voulons : ce sont les phénomènes qui dépendent de la volonté.

La volonté est la faculté que l'homme possède de prendre une résolution, avec la conscience de pouvoir ne pas la prendre, l'interrompre ou la continuer à son gré.

Le caractère propre de la volonté, c'est donc la liberté, Il n'y a point de différence entre ce qui est volontaire et ce qui est libre.

La condition indispensable d'un acte volontaire, c'est que l'âme ait conscience d'elle-même, de sa liberté et, par suite, de sa responsabilité, en un mot, qu'elle ait la pleine possession d'elle-même. Un fou n'est ni libre, ni responsable. Une violente passion domine la liberté ; elle atténue la responsabilité ; mais elle ne détruit ni l'une ni l'autre.

L'âme, quand elle est maîtresse d'elle-même, a toujours la liberté de vouloir. Cette liberté ne doit pas être confondue avec la puissance d'exécution qui ne dépend pas toujours de nous. Je suis libre de vouloir lever le bras ; un obstacle extérieur peut entraver l'accomplissement de ma résolution ; mais ma volonté n'en subit aucune atteinte.

Il importe, du reste, pour bien se rendre compte de la nature d'un acte volontaire, de le distinguer des circonstances qui le précèdent, qui l'accompagnent et qui le suivent, c'est-à-dire de marquer nettement les diverses phases par lesquelles passe une volition.

La première phase de la volition, c'est la conception de l'acte à faire ou à vouloir ; il faut que cet acte m'apparaisse comme possible, autrement il serait l'objet d'un désir plus ou moins vif, mais non d'une résolution.

Vient ensuite la conception des motifs, ou des mobiles, qui peuvent m'engager à agir, ou m'en détourner. Les motifs sont les raisons d'agir que suggère l'intelligence, les mobiles sont les impulsions de la sensibilité. Un devoir est un motif, une passion est un mobile.

Quand ces motifs et ces mobiles sont en présence dans mon esprit, je les pèse, je les compare, je les oppose les uns aux autres, en un mot, je délibère.

Le résultat de la délibération, c'est la résolution, c'est-à-dire la préférence donnée aux motifs ou aux mobiles qui m'ont sollicité. C'est la résolution qui est l'acte propre de la volonté.

Pour que la résolution, c'est-à-dire l'acte essentiellement volontaire et libre, soit entière et complète, il faut qu'elle soit suivie d'un commencement d'exécution, d'un effort pour passer de la résolution à l'action ; sinon la résolution pourrait n'être qu'une intention vague, une simple velléité. Sans doute, il ne dépend pas de moi d'exécuter la résolution que j'ai prise, et, malgré l'obstacle extérieur qui peut se présenter, l'acte volontaire n'en subsiste pas moins ; mais ce qui dépend de moi, c'est de déployer une certaine force pour réaliser ce que j'ai voulu. Les hommes dont la volonté est faible et vacillante forment les plus beaux projets du monde qu'ils abandonnent ensuite ; mais c'est par abus de langage qu'ils disent : « *Je veux* travailler ; *je veux* être tempérant. » A proprement parler, ils ne *veulent* pas.

Nous savons comment la volonté se distingue de l'instinct et de l'habitude,

On ne doit pas non plus confondre la volonté avec le désir, comme l'ont fait les philosophes de l'école dite *sensualiste*, qui ramène tous les phénomènes psychologiques à la sensation.

Il y a, sans doute, plus d'une analogie entre le désir et la volonté, et, dans le langage ordinaire, on dit indifféremment que l'on *désire* ou que l'on *veut*. Ce sont néanmoins deux choses différentes.

Le désir, dit Cousin, est un élan aveugle qui, sans aucune délibération et sans l'intervention de la volonté, s'élève ou tombe, s'accroît ou diminue. Le désir n'est pas une résolution, c'est un entraînement. Il dépend de nous de résister à un désir ; nous ne pouvons ni le supprimer, ni le faire naître à souhait.

La preuve que la volonté n'est pas le désir, c'est qu'elle le combat. La lutte du devoir et de la passion n'est pas autre chose que la lutte de la volonté et du désir.

La volonté est en raison inverse du désir ; autrement, plus le désir serait fort, plus nous serions libres ; c'est le contraire qui est vrai.

Le désir a souvent pour objet des choses extérieures qui ne dépendent pas de nous, tandis que nous ne voulons que nos propres actes, ceux qui dépendent de nous et que nous savons possibles. Ainsi, je puis dire : « *Je veux* faire une promenade cette après-midi ; *je désire* que le temps soit beau. » Je ne puis pas dire : « Je veux que le temps soit beau. »

Enfin l'on éprouve souvent certains désirs dont l'objet n'est pas défini et dont on se rend à peine compte, inquiétudes vagues, malaise moral, aspirations confuses. Au contraire, l'objet de la volonté est toujours précis et déterminé. Quand on dit d'un homme *qu'il ne sait pas ce qu'il veut*, cela signifie qu'il flotte entre différents désirs, et que, ne sachant pas se résoudre, il ne veut rien.

Cette distinction entre la volonté et le désir est de la plus grande importance. Dans cette question, c'est la liberté qui est en cause, et par suite, la morale elle-même.

## XXII

*Quels sont les différents sens du mot liberté? La liberté morale ; preuves de la liberté morale : réponse aux objections.*

**Développement.** — Le mot liberté est pris dans diverses acceptions. Tantôt, il désigne *la liberté physique* ou *corporelle*, qui consiste pour l'homme dans la pleine et entière disposition de son corps et de ses organes, liberté qui manque au prisonnier, au paralytique ; tantôt on entend par le mot liberté la possession et l'exercice de certains droits que l'homme tient de sa nature morale, et que les autres hommes sont obligés de respecter : liberté individuelle, liberté de conscience, liberté de posséder, de se marier, etc., c'est *la liberté civile*, celle dont l'esclave est privé. Enfin, la liberté civile a pour garantie la *liberté politique*, celle qui résulte du droit qu'ont les peuples de s'appartenir à eux-mêmes. La liberté politique n'existe pas sous le régime despotique.

*La liberté morale*, celle qui doit seule nous occuper ici, liberté qu'on appelle aussi *libre arbitre*, est la faculté que l'homme possède de ne vouloir ou de ne vouloir pas, liberté qui subsiste entière et inviolable même chez celui qui est privé de toutes les autres.

La première preuve de la liberté morale, preuve directe et immédiate, se tire du témoignage même de la conscience qui nous atteste de la façon la plus nette que nous sommes libres. « La liberté, dit Cousin, ne se démontre point; elle se sent. » J.-J. Rousseau disait de même : « *Nous ne nous supposons pas* « actifs et libres ; nous sentons que nous le sommes. »

Cette preuve devrait suffire ; mais, pour répondre aux arguments du fatalisme, c'est-à-dire du système qui nie la liberté morale, il est nécessaire de la compléter par des preuves indirectes.

Sans la liberté, la loi morale est un non-sens. Qu'est-ce, en effet, que la loi morale? C'est une loi qu'on doit suivre, et qu'on peut violer; c'est un commandement sans contrainte. Or, cette loi ne peut s'adresser qu'à des êtres libres.

Si l'homme n'est pas libre, il n'est pas responsable. Alors, comment expliquer le repentir, le remords, la satisfaction morale, l'estime, le mépris, sentiments universels et dont le caractère ne peut être méconnu?

Sans la liberté il n'y a plus ni mérite ni démérite, ni récompense, ni châtiment; l'ordre social ne repose plus que sur la force.

Enfin, toutes les habitudes de notre vie, promesses, contrats, exhortations, témoignent de notre croyance invincible à la liberté morale.

Voyons maintenant quels sont les arguments des adversaires de la liberté.

Les systèmes contraires à la liberté morale sont le *fatalisme* et le *déterminisme*.

Le fatalisme prétend que toutes les actions humaines sont soumises à une nécessité extérieure et supérieure à l'humanité. Ainsi, dans les croyance des anciens, la vie et la conduite de chaque homme étaient réglées par le *Destin*, divinité plus puissante que Jupiter lui-même. Un homme était heureux ou malheureux, vertueux ou criminel, selon que le destin en avait décidé. On connaît la légende d'Œdipe : le destin voulait qu'il tuât son père et qu'il épousât sa mère. Œdipe avait donc le droit de dire, comme il le dit dans la tragédie de Sophocle : « Ces « crimes que vous me reprochez, je ne les ai pas commis, je « les ai subis ; je n'en suis pas l'auteur, mais la victime. » On comprend sans peine que, avec une telle doctrine, il n'y a plus ni bien, ni mal, ni mérite, ni démérite.

Chez les peuples d'Orient, chez les Turcs, le fatalisme a pris comme maxime : « ce qui doit arriver, arrivera ; tout ce qui arrive est écrit d'avance ». Cette maxime est, comme on l'a dit, un sophisme de paresse. Elle peut rendre plus facile la résignation ; mais elle paralyse l'activité et détruit toute initiative. Elle n'est bonne qu'à faire des esclaves. Sans doute, ce qui doit arriver, arrivera ; mais dans les choses qui dépendent de nous, il n'arrivera que ce que nous aurons voulu. C'est à nous de faire en sorte que le bien arrive, et non le mal.

Le fatalisme prend encore une autre forme, la forme théologique. Il s'appuie sur ce que les théologiens appellent l'*infaillibilité divine*. Dieu, disent-ils, a prévu toutes les déterminations et actions de l'homme, puisque, étant parfait, il sait et prévoit tout ; la volonté de l'homme ne saurait donc prévaloir contre les desseins de la puissance divine ; donc, l'homme n'est pas libre. On peut répondre à cette objection que prévoir n'est pas contraindre. D'ailleurs, en bonne logique, quand même l'intelligence humaine ne pourrait concilier deux vérités qu'elle considère comme également certaines, ce ne serait pas une raison pour rejeter l'une ou l'autre.

Le *déterminisme* présente un caractère plus scientifique que le fatalisme. C'est dans les lois mêmes du monde et de l'âme humaine qu'il prétend découvrir l'obstacle à la liberté.

« Tout dans le monde, dit-il, est soumis à des lois immuables ; « tout se tient, tout s'enchaîne ; aucun phénomène n'est isolé « des autres. L'univers est un ensemble de causes et d'effets, « et l'homme lui-même n'est qu'une parcelle de l'univers; il est « entraîné dans le mouvement général qui emporte toute « chose. » Telle est la thèse du déterminisme. On ne peut nier, sans doute, que tout obéit à des lois ; mais a-t-on le droit d'assimiler les lois du monde physique, où les phénomènes se succèdent fatalement sous l'action de forces aveugles, aux lois du monde moral où se déploie l'activité intelligente? Tout phénomène a une cause ; mais la volonté n'est-elle pas une cause elle-même ?

Mais cette cause, disent les partisans du déterminisme, n'est-elle pas soumise à une foule d'influences extérieures ? Les prédispositions héréditaires, le climat, le tempérament, l'éducation, les habitudes, le caractère, tout cela constitue une nécessité irrésistible contre laquelle la volonté est impuissante. A cette objection la réponse est facile. Il est vrai que toutes ces circonstances influent sur nos déterminations ; mais elles ne les contraignent pas. L'expérience de tous les jours nous montre que la volonté réagit contre les influences du dehors et finit par les dominer. Rien n'est plus faux que l'axiome vulgaire : « On ne se refait pas soi-même. » Non, on ne se refait pas complètement; chacun de nous garde quelque chose de sa nature propre et du milieu où il a vécu ; et c'est ce qui explique l'infinie diversité des caractères que l'on remarque chez les hommes ; mais, parmi les éléments qui entrent dans la formation du caractère, c'est la volonté qui occupe la première place.

Une dernière objection se présente, la plus spécieuse de toutes :

« L'homme ne se détermine jamais sans motifs; or, c'est le « motif le plus fort qui entraine sa détermination, comme le « poids le plus lourd fait pencher le plateau d'une balance. »

On a singulièrement abusé de cette comparaison de l'âme avec une balance inerte; et c'est bien ici le cas de répondre : comparaison n'est pas raison.

Dire que nous cédons au motif le plus fort, c'est dire une chose qui n'a pas de sens. Un motif n'est ni fort, ni faible par lui-même; c'est notre volonté qui le rend fort ou faible, selon qu'elle obéit aux conseils de la raison ou aux impulsions de la sensibilité. Si je veux être prudent, je suivrai le motif égoïste ; si je veux être vertueux, je suivrai le motif moral ; si je ne veux être ni l'un ni l'autre, je suivrai la passion. Les motifs ne sont pas des poids apportés du dehors; ils viennent de nous-mêmes, ils sont une partie de nous-mêmes. Quelle que soit, d'ailleurs, la puissance du motif ou du mobile auquel nous obéissons, nous sentons parfaitement que, tout en cédant à ce motif, c'est-à-dire en prenant une résolution qui lui est conforme, nous avons le pouvoir de ne pas la prendre. Au moment même, dit Jouffroy, où, étant à côté d'une fenêtre au quatrième étage, je prends la résolution de ne pas me jeter dans la rue, je sens parfaitement qu'il ne dépend que de moi de prendre la résolution contraire; seulement, je me dis que je serais fou si je la prenais, et, comme je suis un être raisonnable, je m'en abstiens. Mais que j'aie le pouvoir de le faire et de me jeter par la fenêtre, c'est ce qui est évident.

Donc, la liberté morale survit et survivra toujours aux attaques du fatalisme et du déterminisme scientifique. « L'homme, « dit M. Janet, peut devenir le maître de la nature physique « qu'il soumet à ses desseins ; il peut devenir le maître de son « propre corps, le maître de ses passions, le maître de ses « habitudes, de son caractère, de ses idées, en un mot le maître « de lui-même. »

## XXIII

*De la transformation que subissent les appétits et les penchants naturels par la discipline de la raison et de la volonté.*

**Développement.** — Toutes les inclinations que la nature a mises en nous sont bonnes et légitimes ; elles conspirent pour nous conduire à notre fin; elles nous indiquent notre destinée, et nous aident à l'accomplir en stimulant notre activité. Ce sont des forces vives qu'il ne faut pas essayer d'anéantir. Mais le devoir de l'homme est de régler ses inclinations naturelles et de les soumettre à la discipline de la raison et de la volonté. Il dépend de lui qu'elles deviennent des vertus ou des vices. L'homme est donc le dépositaire, ou, pour mieux dire, l'artisan de sa destinée morale,

C'est ce que la raison lui enseigne tout d'abord. En l'éclairant sur sa fin, elle l'avertit qu'il peut et doit y marcher d'un libre mouvement. Elle lui révèle son caractère de personne morale; à chacun des instincts que lui a donnés la nature elle attache l'idée d'un devoir. Ainsi, la nature l'invite à se conserver et à développer son être ; la raison, dès qu'elle apparaît, lui dit que, s'il doit se conserver, c'est parce que sa vie ne lui appartient pas ; elle ajoute que le développement de son être n'est pas l'expansion désordonnée de toutes ses forces naturelles. La nature a mis en lui l'appétit du sexe ; la raison relève et ennoblit la satisfaction de l'instinct brutal par l'idée de la famille et des obligations qu'elle impose. La nature le rapproche des autres hommes par la sympathie; c'est un sentiment généreux que la raison approuve et encourage, mais elle le subordonne à l'idée de justice. La nature lui fait aimer le sol qui l'a vu naitre ; la raison transforme cet amour en patriotisme éclairé. Mais c'est surtout dans les inclinations d'ordre supérieur que la raison fait sentir son pouvoir. Guidé par l'instinct naturel, l'homme cherche le vrai ; la raison dirige sa curiosité et l'empêche de s'égarer. Il admire le beau ; la raison épure son goût. Il aspire au bien ; la raison éclaircit dans son âme le sens, d'abord vague et confus, du devoir et de la responsabilité.

C'est ainsi que la raison fait succéder à la vie instinctive la vie morale, à la passion l'idée, à l'animal la personne.

Grâce à la raison, l'homme a pris la direction de lui-même. Dès lors, il comprend que les appétits, les besoins, les inclinations sont des moyens que la nature lui donne pour arriver à sa fin, mais que ce sont des moyens seulement, et non le but. Il faut manger pour vivre, lui dit la sagesse, et non vivre pour manger. Ses appétits se dépravent toutes les fois qu'il désire plutôt le plaisir attaché à la satisfaction de chacun d'eux que l'accomplissement des fins de la nature.

Parmi ces instincts, ces besoins, ces appétits, qui le sollicitent et réclament tous à la fois, il en est que l'homme doit subordonner aux autres, sous peine de livrer son âme à une sorte d'anarchie incompatible avec la vie morale. « Il y a deux parties en vous, dit Platon ; l'une plus puissante et meilleure, destinée à commander; l'autre, inférieure et moins bonne, qui doit obéir. Il faut donc toujours donner la préférence à la partie qui doit commander sur celle qui doit obéir. » Certes, l'amour de la vie est un instinct profondément enraciné dans notre âme ; cependant le sacrifice volontaire de la vie est, dans certains cas, exigé par le devoir. Il est permis à l'homme de désirer le bien-être et d'en jouir ; mais souvent la vertu consiste à le mépriser. L'homme apporte en naissant l'amour de soi ; c'est la condition du développement de ses facultés ; mais la charité lui prescrit d'aimer les autres plus que lui-même. L'amour de la famille est une des inclinations les plus douces et les plus respectables ; cependant, s'il le faut, le patriotisme imposera silence aux affections de famille. En un mot, toutes les inclinations naturelles n'ont pas droit aux mêmes satisfactions: celles qui sont d'un ordre supérieur doivent toujours avoir le pas sur les autres.

Mais aucune inclination, quelle qu'elle soit, ne doit être excitée et entretenue d'une manière exclusive au point d'envahir l'âme toute entière et d'échapper à la direction de la volonté. Quand l'inclination devient passion, c'est-à-dire qu'elle est développée à l'excès ou détournée de sa fin véritable, la raison n'est plus écoutée, la volonté abdique, et l'équilibre de la vie morale est rompu. Prenons quelques exemples. L'homme qui laisse prédominer en lui-même les appétits descend au niveau de la brute. Celui que l'instinct de possession pousse à concentrer toutes ses forces sur la poursuite du gain, ne connaît bientôt plus ni honneur, ni justice, ni pitié. L'amour de soi, quand il est exagéré ou mal compris, fait de l'homme un égoïste qui rachèterait son existence de la destruction du genre humain ou qui brûlerait une maison pour se faire cuire deux œufs. L'attachement excessif à la vie engendre la peur et la lâcheté. L'estime de soi, chez certaines personnes, dégénère en orgueil, quand il s'agit de grandes choses; en vanité, quand il s'agit de petites. L'émulation, quand elle se déprave, produit cette maladie morale qu'on appelle l'envie, et qui est accompagnée quelquefois d'une maladie physique: au propre comme au figuré, la bile étouffe l'envieux. Chez la plupart des ambitieux l'envie de commander fait taire tous les scrupules. Les inclinations d'ordre plus élevé ont elles-mêmes besoin d'être tempérées. Le patriotisme, le sentiment religieux, ont leurs fanatiques qui, dans l'égarement de leur zèle, foulent aux pieds tous les droits. Certaines vertus mêmes, poussées à l'excès, troublent l'harmonie de la vie morale. Le stoïcisme, l'ascétisme, malgré une certaine grandeur apparente, mutilent la nature humaine et, comme dit La Fontaine,

> ... Font cesser de vivre avant que l'on soit mort.

Toutes les inclinations doivent donc être contenues dans les limites que la raison établit et que la volonté fait respecter.

En effet, il ne suffit pas de connaître le bien ; il faut l'accomplir. La raison fixe la règle; c'est la volonté qui l'impose. Mais que d'obstacles la volonté n'a-t-elle pas à vaincre pour faire prévaloir l'autorité de la raison ! Que de luttes à soutenir pour empêcher l'inclination naturelle de s'emporter aux violences et aux déréglements qui la pervertissent! Le tempérament, le climat, l'état social, l'éducation, l'exemple, peuvent à tous moments faire fléchir l'énergie de la volonté, et même la rendre complice de la dépravation de nos instincts. C'est surtout sous l'influence de l'habitude que la volonté devient faible et lâche, cède aux passions, au point même de mettre toutes ses forces à leur service ! Elle devra donc s'efforcer d'imprimer à l'habitude une direction rationnelle, de prévenir la naissance des habitudes mauvaises, de les déraciner là où, malgré notre vigilance, elles ont réussi à s'implanter. Pour y réussir, l'homme n'a pas seulement besoin de la sagesse, mais de cette autre vertu, qui est, en quelque sorte, une vertu militante, qu'on appelle le courage.

## XXIV

*Qu'est-ce que le caractère ? Chacun de nous peut-il quelque chose pour améliorer son caractère? Est-on responsable du caractère que l'on a?*

**Plan.** — 1. Le caractère, c'est le naturel modifié par les circonstances au milieu desquelles il se développe, et par l'éducation que l'homme se donne à lui-même. Le premier élément du caractère, ce sont donc les inclinations que l'homme apporte en naissant.

2. Les inclinations varient dans chaque individu suivant les

temps, les lieux, l'hérédité, le tempérament. Elles se développent, se transforment, se combinent diversement sous l'influence de l'éducation, de la société où l'on vit, de la fortune bonne ou mauvaise.

3. Mais elles varient surtout par l'effet de notre volonté. Il dépend de nous de développer les bons sentiments dont la nature a mis en nous le germe, et de vaincre les autres.

4. Il dépend de nous aussi de résister aux influences qui viennent modifier le naturel : éducation, milieu, circonstances, etc. On peut corriger en soi-même les vices d'une première éducation. Si l'on n'est pas toujours libre de choisir le milieu où l'on vit, on est libre, du moins, de ne pas prendre pour règle un mauvais exemple. Quant aux événements de la vie, une âme énergique les domine et se montre égale dans le succès et dans les revers.

5. Tels sont les éléments dont se compose le caractère ; or, parmi ces éléments, c'est la volonté qui tient la première place. On peut donc quelque chose pour améliorer son caractère, et nous sommes tous responsables du caractère que nous avons.

## XXV

*Dualité de la nature humaine ; l'esprit et le corps : attributs distinctifs de l'âme ; rapports du physique et du moral ; conclusions morales et pédagogiques.*

**Développement.** — Il se passe continuellement en nous deux ordres de faits : les uns sont purement matériels : circulation, respiration, nutrition. Les autres sont immatériels et ne sont perçus que par la conscience : sentiments, pensées, volitions.

Il y a donc en l'homme deux parties distinctes : l'âme et le corps.

L'âme est le principe essentiellement actif, intelligent et libre qui constitue notre personne ; c'est le *moi* qui se connaît par la réflexion et qui se possède par la volonté.

L'âme se distingue du corps par des attributs qui lui sont propres : elle est active, une et simple, identique, immatérielle.

Elle est active ; elle tend librement vers une certaine fin ; elle est une cause, une énergie, une force créatrice.

Elle est une et simple ; n'ayant ni étendue, ni forme, ni parties, elle ne saurait être divisible. Quand nous disons qu'il y a deux hommes en nous, l'un qui veut, l'autre qui ne veut pas, nous n'exprimons par là que la lutte entre des pensées et des sentiments contraires, entre la chair et l'esprit. Aussi, tandis que le temps et la conscience distinguent et divisent les modifications de notre âme, le moi lui-même demeure indivisible. Cette unité du moi nous est attestée par la conscience ; elle est en outre démontrée par les opérations de la pensée. Si le sujet pensant n'était pas un, comment serait-il possible à l'intelligence de rapprocher les idées, de les lier par des jugements, de les enchaîner par le raisonnement ?

L'âme, étant une et simple, est par cela même identique. Le moi est le sujet commun et permanent de toute succession d'idées et de sentiments. Tandis que les phénomènes qui se succèdent sur le théâtre de la conscience sont très différents, le moi reste toujours le même. Les opérations de la pensée en sont encore la preuve. La mémoire, par exemple, ne suppose-t-elle pas un lien commun entre le passé et le présent ? La croyance à l'identité personnelle est le fondement de l'obligation, de la responsabilité, du droit. C'est une croyance indestructible chez l'homme sain d'esprit. Dans l'*Amphitryon* de Molière, Mercure a beau maltraiter Sosie ; il ne peut lui persuader que le moi de Sosie qui est devant la maison de son maître, n'est pas le même que le moi de Sosie qui a été envoyé par Amphitryon vers Alcmène.

La comparaison des attributs respectifs de l'âme et du corps suffit à prouver la spiritualité de l'âme :

L'âme est essentiellement active, le corps est inerte ; il subit le mouvement sans le produire.

L'âme est une et simple, le corps est étendu, composé, divisible.

L'âme est identique ; le corps se renouvelle complètement à certains intervalles. La vie physique est une circulation, un tourbillon perpétuel. Au bout d'un certain nombre d'années, nous ne sommes plus la même chair ni les mêmes os, mais nous sommes toujours la même personne.

Toutes ces différences prouvent que l'âme est distincte du corps ; elle est donc immatérielle.

L'âme n'est pas seulement distincte du corps ; elle lui est infiniment supérieure. Le corps ne possède que des propriétés organiques ; l'âme est douée de facultés. C'est à l'âme seule qu'appartiennent la raison, la notion des vérités éternelles, la liberté. C'est l'âme qui est la fin de l'homme ; le corps n'est qu'un moyen.

La nature et les attributs de l'âme constituent une forte présomption en faveur de son immortalité. Mais ce n'est là qu'une présomption. Les preuves morales de l'immortalité de l'âme, les aspirations universelles du genre humain, l'idée nécessaire d'une justice infaillible et absolue, sont d'un poids bien plus considérable.

L'âme n'est donc pas le corps, et n'est pas semblable au corps ; mais elle lui est étroitement unie.

« Le corps et l'âme, dit Bossuet, forment dans l'homme un « *tout naturel.* »

Le corps et l'âme sont dans un état de sympathie, de dépendance réciproque. Tout désordre dans la vie organique trouble les fonctions de la vie psychologique. Il suffit d'un fort rhume de cerveau pour faire perdre à la pensée quelque chose de sa force et de sa lucidité. On sait quelle est l'influence du climat sur le caractère des peuples, sur leurs mœurs, sur leurs idées. Mais, si le corps agit sur l'âme, l'âme à son tour agit sur le corps. Tout état de notre âme, pensée, sentiment, volonté, est représenté dans le corps par une modification organique, visible ou secrète, normale ou morbide. L'imagination, les passions violentes, le chagrin, exercent sur le physique une influence dont nous voyons des preuves tous les jours.

L'énergie morale double les forces physiques, et souvent, en face du danger ou dans la souffrance, accomplit de véritables prodiges.

L'homme étant âme et corps, cette dualité lui impose l'obligation de veiller à la conservation et à l'entretien de son corps, et d'en faire pour l'âme un instrument docile et vigoureux. Les exercices physiques, le développement normal et régulier des organes, l'éducation des sens, les soins de propreté, qui sont pour le corps, comme l'a dit un philosophe, ce que la pureté est pour l'âme, sont des conditions indispensables du progrès intellectuel et moral et de l'equilibre des facultés. « Une âme saine dans un corps sain ». Tel doit être le but de l'éducation.

## XXVI

*Distinguer la vie animale et la vie intellectuelle morale.*

**Plan.** — 1. L'homme est à la fois corps et âme. Par le corps il appartient à la vie animale.

2. Distinction de l'âme et du corps.

3. L'âme est elle-même, par certains côtés, sous la dépendance du corps : par les sens, par les appétits, par les instincts. Elle s'en affranchit par les facultés qui lui sont propres : la raison et la volonté (distinction de l'homme et de l'animal; psychologie comparée).

4. C'est dans l'exercice de la raison que consiste la vie intellectuelle; c'est dans l'exercice de la volonté luttant contre les instincts inférieurs et contre les passions que consiste la vie morale.

## XXVII

Expliquer cette pensée de Pascal :

« *L'homme n'est ni ange, ni bête, et qui veut faire l'ange, fait la bête.* »

## XXVIII

*Qu'est-ce que la personnalité? De la personne, par opposition aux choses et aux animaux. Conclusions morales.*

**Plan.** — 1. La personnalité est le sentiment intime par lequel l'homme se connaît et s'affirme comme être intelligent et libre c'est-à-dire se distingue des *choses* et des animaux. L'être qui n'a pas conscience de soi, qui ne pense pas, qui ne veut pas, en un mot la chose ou l'animal, n'est pas une personne.

2. L'homme se distingue des *choses*. Les êtres matériels, comme les animaux et les plantes, n'ont pas conscience de leur existence. Ils sont entièrement passifs; ils subissent, sans le savoir et sans pouvoir résister, l'action des forces extérieures.

3. L'homme se distingue des animaux. En effet, quelque difficile qu'il soit de faire la psychologie de l'animal, on peut cependant, en étudiant les manifestations sensibles de la vie animale, conjecturer ce qui se passe dans l'âme des bêtes. Les animaux possèdent certaines facultés intellectuelles : la mémoire, l'imagination inférieure, l'association des idées; il leur manque la raison, la réflexion, la faculté de généraliser. Les animaux ont un langage à leur manière, ils n'ont pas la parole, c'est-à-dire un système de signes articulés, propres à exprimer des

idées abstraites et générales et les rapports de ces idées entre elles. Ils sont doués de sensibilité, mais incapables de raisonner leurs impressions. Ils n'ont pas la volonté, qui suppose le pouvoir de réfléchir et de se déterminer en connaissance de cause.

4. L'homme possède la conscience de soi, non pas seulement la conscience de ce qui se passe en lui-même, de ses sensations, de ses affections, mais la conscience réfléchie *du moi*, de l'identité personnelle ; il se connaît lui-même comme substance et comme cause. L'homme possède l'intelligence, c'est-à-dire la faculté de distinguer le vrai du faux, le bien du mal. Il juge, il raisonne; il a la notion de l'universel, de l'infini, de l'absolu.

5. Tandis que l'animal n'a que l'activité instinctive, l'homme possède l'activité volontaire et libre.

6. La chose et l'animal accomplissent leur fin sans en avoir conscience, sans le vouloir, sans savoir qu'ils ont une fin ni ce que c'est qu'une fin. L'homme sait non seulement qu'il a une fin, mais qu'il dépend de lui de l'accomplir, qu'il a le gouvernement de sa destinée. Il se sait libre et responsable.

7. La personnalité a pour conséquence la *dignité* humaine. L'homme, étant libre et responsable, a des devoirs et des droits. Il est tenu de respecter la dignité humaine chez lui-même et chez les autres. Les animaux et les choses peuvent être traités comme des moyens, c'est-à-dire que l'être intelligent et libre peut les faire servir à son usage. L'homme, qui n'appartient qu'à lui-même, est une *fin* et non *un moyen*. C'est là le fondement de la morale sociale.

## XXIX

### *Qu'entend-on par la fin d'un être? Quelle est la fin de l'homme?*

**Plan.** — 1. On entend par la fin d'un être la destination qui lui est propre. Cette fin est en harmonie avec sa nature et dérive de son organisation. (Exemples : le minéral, la plante, l'animal).

2. L'homme a une fin comme tous les êtres. Il la connaîtra en s'observant lui-même, en étudiant les tendances propres de sa nature, ses attributs essentiels et distinctifs.

3. Or, ce qui le distingue des animaux et des choses, c'est la raison et la liberté.

4. L'accomplissement de sa fin consiste dans le développement de ces deux facultés qui font de lui une *personne*, un être moral dont la destinée est de connaître le vrai et de pratiquer le bien.

---

# MORALE THÉORIQUE

## I

*La morale, son objet, sa méthode ; de l'enseignement de la morale.*

**Développement.** — La morale, ainsi que son nom l'indique, a pour objet les mœurs, non pas telles qu'elles sont, mais telles qu'elles doivent être, bien qu'on donne indifféremment le nom de moralistes aux écrivains qui se contentent de peindre la vie humaine et les mœurs de leur siècle, et à ceux qui se proposent de tracer aux hommes des règles de conduite.

Le but de la morale est de déterminer la loi ou la règle des actions humaines, et les devoirs qui dérivent de cette loi. On peut donc l'appeler la science du bien, la science des devoirs. Elle est à la volonté ce que la logique est à l'intelligence. La logique est une science qui apprend à bien penser ; la morale est une science qui apprend à bien vivre.

La méthode de la morale n'est autre que la méthode psychologique. Elle procède par l'expérience, par l'observation des faits, par l'étude de l'âme. La vraie philosophie, dit Cousin, « n'invente pas ; elle constate et décrit ce qui est. »

Partant de ce principe que tout être a une fin, et que cette fin est en rapport avec son organisation, la morale cherche dans l'étude de l'âme humaine les lois qui doivent diriger la conduite de l'homme. C'est donc l'analyse psychologique qui lui apprend à distinguer les attributs propres de la nature humaine, la raison et la liberté, attributs qui confèrent à l'homme le titre et la dignité de personne morale.

C'est encore l'étude de l'homme, considéré isolément ou dans la société, qui lui découvre tous les faits qui se rapportent à la conscience morale. Ces faits comprennent les jugements que nous portons sur nos actes et sur ceux de nos semblables, les sentiments de satisfaction morale, de repentir, de remords, d'estime ou de mépris, d'admiration ou d'horreur, enfin les notions de responsabilité, de devoir, de mérite ou de démérite.

Après avoir observé les faits, la morale les classe et les généralise; elle étend à tous les hommes, à tous les temps, à tous les pays, les résultats de ses observations.

Mais elle ne se contente pas d'enregistrer, de classer, de généraliser les faits, comme si elle n'accordait à cette étude qu'un intérêt purement historique. A la vue de ce qui est, elle conçoit ce qui doit être. Elle s'élève à la conception d'un idéal qui dépasse l'expérience, à l'idée d'un principe qui domine et éclaire les faits, à l'idée absolue et rationnelle du *bien moral*. Tous les jugements qu'elle porte sur les actes de l'homme supposent un jugement primitif dont ils ne sont que les conséquences ou les applications : il y a du bien et il y a du mal, l'homme est obligé d'accomplir le bien et d'éviter le mal. Tel est le fondement de la morale; telle sera la règle, ou la loi des actions humaines.

Passant ensuite en revue les divers motifs en vertu desquels l'homme peut agir, elle distingue nettement ceux qu'on peut appeler les motifs moraux, c'est-à-dire ceux qui renferment seuls la loi morale qui doit être la règle souveraine de nos actions et qui a tous les caractères essentiels d'une loi. C'est ainsi qu'elle est amenée à constater l'infirmité de tous les systèmes qui ont essayé de donner à la morale d'autre fondement que la notion première et absolue du devoir. (Système égoïste, confusion de l'honnête et de l'intérêt bien entendu, théories sentimentales). C'est dans le motif moral seul qu'elle reconnaît les caractères d'une loi : l'invariabilité. l'uniformité, l'autorité impérative, la clarté, enfin la réalisation toujours possible, en ce sens que l'homme peut toujours distinguer le bien du mal et vouloir faire le bien.

La recherche de la loi morale et l'étude des questions qui s'y rapportent. vertu, mérite et démérite, sanctions du devoir, destinée humaine, constituent ce qu'on appelle la *morale théorique.*

Une fois les principes établis, il reste à en faire l'application aux diverses circonstances dans lesquelles l'homme peut se trouver placé, sans cependant descendre dans le détail infini des cas de conscience ni s'égarer dans les subtilités de la casuistique. Après avoir donné la formule générale de la loi, il faut en déduire les articles particuliers ; tel est l'objet de la *morale pratique.*

La morale théorique s'occupe du devoir, la morale pratique, des devoirs : devoirs de l'homme envers lui-même, ou *morale individuelle ;* devoirs de l'homme envers ses semblables, ou *morale sociale,* qui se subdivise elle-même en morale *domestique, morale civique, morale internationale* ou droit des gens. Enfin, la morale religieuse établit les rapports de la morale avec la religion naturelle.

Tel est l'objet, telle est la méthode, telles sont les divisions de la morale.

Mais ici une objection se présente : est-il nécessaire d'enseigner la science du bien ? L'homme n'est-il pas infailliblement guidé par sa conscience ? A quoi bon faire de la vertu l'objet d'une théorie ? Les philosophes qui ont consacré le plus de temps à cette étude sont-ils meilleurs que les autres ?

Sans doute, l'homme le plus ignorant peut être honnête tout

comme un autre, et le plus profond moraliste n'est pas à l'abri des faiblesses de l'humanité ; il n'en est pas moins vrai, comme l'expérience le prouve, que l'homme dont l'esprit est éclairé, l'homme qui se rend compte de ce qu'il fait, qui sait pourquoi telle action est bonne et telle autre mauvaise, marche d'un pas plus assuré que les autres dans la voie du bien. Il est moins exposé aux surprises des passions et aux défaillances de la volonté. Il fait le bien, non par une sorte de routine, mais en vertu de principes nettement arrêtés qui le guident et le soutiennent.

On ne peut nier que l'homme ait naturellement le sens, l'instinct du devoir ; il sait qu'il doit faire certaines actions et éviter certaines autres ; mais quelles sont celles qu'il doit faire, celles qu'il doit éviter ?

Il y a des consciences ignorantes, celle de l'enfant, celle du sauvage ; il y a des consciences égarées qui placent le devoir là où il n'est pas, dans un faux point d'honneur, par exemple. Pour tous les hommes, il y a, dans certaines crises de la vie, des moments de trouble, où la lumière naturelle de la conscience est singulièrement vacillante. Il est donc besoin de formules précises, de principes solidement établis, qui éclairent et dirigent la volonté ; il est besoin d'une science de la morale qui développe, cultive, épure le sens du bien que la nature a mis dans le cœur de tous les hommes. Celui qui sait nettement ce qu'il doit faire et pourquoi il doit le faire, sera toujours plus sûr de lui-même, plus ferme dans ses résolutions, mieux armé contre les sophismes de l'intérêt personnel et contre l'influence des mauvais conseils ou des mauvais exemples.

Et ce que nous disons des individus, nous pouvons l'appliquer aux peuples. Combien de préjugés, d'abus et de crimes, qui nous font horreur aujourd'hui, ne soulevaient, dans les temps passés, aucune protestation ! Comment s'expliquent ces contradictions morales ? C'est que les peuples modernes sont arrivés à un plus haut degré de lumière, et que la conscience humaine s'est fait une idée plus exacte de ce qui est bien et de ce qui est mal. Comment s'est accompli ce progrès? C'est grâce aux efforts des philosophes, des sages, de ceux qui ont fait de la notion du bien l'objet d'une étude scientifique, et qui ont élevé la conscience publique, la conscience du genre humain, au niveau de leur propre conscience. C'est à eux que revient l'honneur d'avoir rendu les hommes plus justes, plus scrupuleux, plus respectueux des droits naturels, en un mot plus civilisés.

## II

*Qu'est-ce que la conscience morale? Qu'est-ce que les jugements et les sentiments moraux?*

**Développement.** — La conscience morale, c'est la faculté que l'homme possède de distinguer le bien et le mal.

Il ne faut pas confondre la *conscience psychologique*, appelée quelquefois *sens intime*, avec la *conscience morale*. L'une nous atteste seulement ce qui se passe en nous, plaisir, douleur, amour, haine, volitions; l'autre n'est pas un simple témoin; c'est un guide, un législateur, un juge. L'une nous apprend ce que nous sommes; l'autre nous apprend ce que nous devons faire, et, suivant que nous avons fait le bien ou le mal, elle nous récompense par la satisfaction intérieure ou nous punit par le remords.

Pour nous rendre un compte exact des faits qui se rapportent à la conscience morale, nous n'avons qu'à nous interroger nous-mêmes et à recueillir les idées et les sentiments que fait naître en nous la vue du bien et du mal.

Un homme se dévoue pour sauver la vie d'un de ses semblables; nous affirmons qu'il fait bien. Un autre se précipite sur un homme faible et désarmé, le maltraite et le tue pour lui enlever sa bourse; nous affirmons qu'il fait mal. Ce jugement, par lequel nous déclarons que telle action est bonne ou telle autre mauvaise, s'applique d'abord, comme ici, à des faits particuliers; mais il donne naissance à des principes généraux qui nous servent ensuite de règle pour toutes les actions du même genre. Nous admirons l'homme qui se dévoue, et nous condamnons le meurtrier; de là nous nous élevons à ce principe qu'il est bien de se dévouer et qu'il est mal de tuer. Il y a donc du bien et du mal, et certaines actions sont bonnes, d'autres sont mauvaises. Nous possédions déjà ce principe en nous-mêmes dans le fond de notre conscience, lorsque nous en avons fait comme tout à l'heure une application particulière; c'est une idée première, une idée de la raison, qui n'attendait pour se montrer à nous en toute lumière qu'une occasion fournie par l'expérience; mais ce principe que nous possédions implicitement, se dégage bientôt, nous apparaît dans sa forme universelle et pure, et nous l'appliquons à tous les cas analogues.

Ces premiers éléments du phénomène moral se montrent encore à nous d'une manière plus claire et plus saillante, si, au lieu d'examiner ce qui se passe en nous quand nous sommes spectateurs des bonnes ou des mauvaises actions d'autrui, nous interrogeons notre conscience quand nous-mêmes nous faisons bien ou mal. Un dépôt m'a été confié; l'intérêt me conseille de me l'approprier; la conscience me dit que je n'en ai pas le droit. L'intérêt l'emporte, j'impose silence à la voix de la conscience, et je garde le dépôt. La voix intérieure, qui m'avait averti avant l'action, me juge et me condamne quand elle est accomplie. Si je repousse, au contraire, les suggestions de l'intérêt, et que je rende le dépôt à son propriétaire, la conscience m'approuve et me dit que j'ai bien fait. Dans l'un et l'autre cas, la conscience me condamne ou m'approuve au nom de ce principe supérieur : il est mal de retenir le bien d'autrui; principe qui suppose lui-même cette idée première : il y a du bien et du mal.

De ces jugements portés par la conscience en dérivent

plusieurs autres. Quand je reconnais qu'une action est bonne, je conçois par cela même qu'il faut l'accomplir; quand je reconnais qu'elle est mauvaise, je sais qu'elle doit être évitée. Les vérités morales ont en effet ce caractère singulier : aussitôt que nous les apercevons, elles nous apparaissent comme la règle de notre conduite. La distinction du bien et du mal a donc pour corollaire l'idée d'obligation.

L'obligation implique la liberté, autrement la nature humaine serait en contradiction avec elle-même. Si l'homme a des devoirs, il faut qu'il ait la faculté de les accomplir ; donc il est libre. Le raisonnement vient s'ajouter ici, pour nous confirmer dans la persuasion de notre liberté morale, à l'expérience personnelle que nous en portons en nous-mêmes.

Si je suis libre de vouloir faire ou de ne pas vouloir faire tel ou tel acte, je suis dans la nécessité de rendre compte de ce que que j'ai fait ou du moins de ce que j'ai voulu faire ; je suis donc responsable.

En même temps que nous jugeons qu'un homme a fait une action bonne ou mauvaise, et qu'il est responsable de cette action, nous portons cet autre jugement : si cet homme a bien agi, il a mérité une récompense, et, s'il a mal agi, un châtiment. C'est là le dernier élément du phénomène moral : le jugement du mérite et du démérite. Le mérite et le démérite réclament impérieusement, comme une dette légitime, la peine et la récompense. Toutefois, il ne faut pas confondre ici la cause et l'effet : quand même la récompense ou la peine n'auraient pas lieu, le mérite ou le démérite subsisteraient.

A tous ces jugements que nous portons sur notre conduite et sur celle des autres, à toutes les idées morales que notre esprit conçoit, correspondent certains sentiments qui les accompagnent, et qu'on appelle des sentiments moraux. Ces sentiments sont comme l'écho, le retentissement dans notre âme de la vie morale tout entière.

Quand nous avons fait une bonne action, nous ressentons une satisfaction intérieure que nous ne confondons ni avec la joie du succès, ni avec le triomphe de l'orgueil. Quand nous avons fait une action mauvaise, nous sentons gémir en nous la conscience offensée; ce sentiment est tout autre que le regret de n'avoir pas réussi ou l'humiliation qui peut suivre un échec. C'est tantôt une *réclamation importune, tantôt une angoisse amère, une* souffrance poignante; c'est le remords. Nous souffrons sans aucun motif qui vienne du dehors, par la raison seule que nous avons conscience d'avoir fait une mauvaise action que nous nous savions obligés de ne pas faire, et qui laisse après elle un châtiment que nous savons mérité.

Le spectacle d'une bonne action faite par un autre excite notre sympathie, sentiment qui répond en nous à tout ce qu'il y a de noble et de bon dans notre nature. Le spectacle d'une action mauvaise excite en nous une antipathie involontaire, un sentiment pénible et douloureux. La sympathie pour une bonne *action est accompagnée de bienveillance pour celui qui en est* l'auteur; nous lui souhaitons d'être heureux, parce que nous jugeons qu'il a mérité de l'être. L'antipathie passe également de l'action à la personne et engendre contre elle une sorte de mauvais vouloir que nous ne nous reprochons pas, parce que nous le sentons désintéressé et que nous le trouvons légitime.

La satisfaction morale et le remords, la sympathie, la bienveillance et leurs contraires, sont des sentiments qui accompagnent les jugements moraux. Dans leur diversité et leur mobilité, ils ne peuvent être les fondements de l'obligation morale qui est absolue et invariable, mais ils lui sont d'heureux *auxiliaires*, d'*assurés et bienfaisants témoins* de l'harmonie de la vertu et du bonheur.

Ainsi, la conscience morale comprend tout à la fois la raison qui nous fait concevoir le bien et le sentiment qui nous le fait aimer. Le jugement de la raison précède; le sentiment vient ensuite et nous fait accepter avec bonheur la loi que la raison nous impose.

### III

*On répète sans cesse que l'homme est infailliblement guidé par sa conscience et, d'autre part, on parle toujours de la nécessité d'une bonne et forte instruction morale ; y a-t-il là contradiction ?*

### IV

*Quels sont les divers motifs de nos actions ? Distinction de l'agréable, de l'utile et de l'honnête ; le devoir et ses caractères.*

**Développement.** — L'homme agit toujours en vertu de quelque mobile ou de quelque motif. Tantôt il cède aux impulsions de la sensibilité, aux instincts, aux inclinations, à la passion ; alors sa détermination est, en quelque sorte, purement animale ; lorsqu'il agit de cette manière, sa vie ne diffère pas de celle des bêtes. Le jour où il s'élève à la conception de l'intérêt bien entendu, il devient un être raisonnable ; il calcule sa conduite, il agit en homme. Mais il n'est pas encore l'homme moral, et il ne le devient que le jour où il délaisse l'idée de son bien à lui pour n'obéir qu'à l'idée du bien en soi.

En cédant aux impulsions de la sensibilité, l'homme recherche le plaisir et fuit la douleur. Il suit en cela la nature ; en effet, lorsque ses tendances naturelles sont satisfaites, il jouit, lorsqu'elles sont contrariées, il souffre.

C'est par la recherche de ce qui lui est agréable, c'est-à-dire du plaisir qui accompagne la satisfaction de ses tendances naturelles, que l'homme débute dans la vie. Mais il ne tarde pas à reconnaître que la poursuite du plaisir est un principe de détermination insuffisant et dangereux, et que l'agréable ne saurait être le bien par excellence. Il apprend à distinguer que, parmi les plaisirs, les uns sont grossiers, les autres nobles et délicats; les uns sont vifs, mais passagers; les autres, plus calmes, mais durables. Les uns sont suivis d'amertume et de regrets; les autres laissent après eux une impression douce et bienfaisante. Il est des plaisirs qui deviennent des maux; il est même des douleurs qui deviennent des biens. Instruit par l'expérience, l'homme comprend que ce qu'il lui faut rechercher, ce n'est pas le plaisir immédiat, mais le plaisir bien entendu, le plus grand plaisir possible; et que, pour se le procurer, il est souvent nécessaire de renoncer à ce qui est agréable sur le moment, et même de s'imposer une douleur comme condition et comme prix d'un plaisir à longue échéance. Alors, il réfléchit, il calcule, il arrange sa vie. Il résiste aux désirs, aux tentations; pour obtenir ce qui lui plaît, il se résigne à faire ce qui lui déplaît; il sacrifie le présent à l'avenir. Dès ce jour, il préfère l'utile à l'agréable, le bonheur au plaisir. Au mobile du plaisir succède, dans ses déterminations, le motif de l'intérêt.

Mais une voix intérieure l'avertit bientôt que la recherche de l'intérêt, pas plus que la poursuite du plaisir, n'est la fin véritable de l'homme, et que la destinée d'un être intelligent et libre est plus élevée et plus noble. Souvent, quand son intérêt lui conseille d'accomplir telle ou telle action, cette voix lui ordonne de s'en abstenir, parce que l'action qu'il se propose n'est pas honnête. « Garde le dépôt qu'on t'a confié » dit l'intérêt; « tu dois rendre ce dépôt » dit la conscience. C'est en effet la conscience morale qui s'éveille en lui, et qui lui apprend que certains actes sont bons en eux-mêmes bien qu'ils lui soient nuisibles, et que d'autres, bien qu'ils lui soient utiles, sont mauvais; que l'utile doit être sacrifié à l'honnête, l'intérêt au devoir; enfin que la règle souveraine de ses actions, règle à laquelle il est tenu de conformer sa conduite, c'est la loi morale.

Voilà donc un nouveau motif que la raison de l'homme conçoit, motif qu'il ne saurait confondre avec le motif égoïste : c'est le motif moral, l'honnête, le devoir, c'est-à-dire l'obligation imposée à un être intelligent et libre de pratiquer le bien, autrement dit la loi morale.

Ce motif se distingue nettement des autres par des caractères qui lui sont propres.

Le devoir est obligatoire, c'est là son premier caractère. Au contraire, l'intérêt conseille, mais n'oblige pas. Il nous est toujours permis de ne pas consulter notre intérêt particulier, et nous ne sommes nullement tenus d'y obéir ; souvent même la conscience nous ordonne de le sacrifier, lorsqu'il y a conflit entre le devoir et l'intérêt. Qu'est-ce, en effet, que le dévouement, l'abnégation, la vertu, sinon le sacrifice de l'intérêt au devoir?

Le devoir est absolu ; c'est un commandement sans conditions, un *impératif catégorique*, suivant l'expression du philosophe Kant. L'intérêt nous dit : « Fais ceci ou fais cela, en vue d'obtenir un bien ou d'éviter un mal. » Le devoir nous dit : « Fais ce que dois, advienne que pourra. »

Le devoir est universel et invariable. Les hommes peuvent sans doute, selon leurs mœurs, leurs coutumes, leur degré de civilisation, appliquer diversement la loi morale; mais ils sont tous d'accord sur l'existence de cette loi et sur la nécessité de lui obéir. L'intérêt est essentiellement mobile, variable, relatif aux personnes et aux circonstances. « L'intérêt, dit Bossuet, n'a pas de maximes fixes ; il suit les inclinations ; il change avec le temps et s'accommode aux affaires. » La lutte pour la vie n'est autre chose que la rivalité et la concurrence des intérêts.

Le devoir est toujours clair ; sans doute, on peut hésiter entre deux devoirs et se demander lequel est préférable à l'autre. Devra-t-on, dans telle circonstance particulière, sacrifier la famille à la patrie, ou la patrie elle-même à l'humanité? On peut même se tromper en voulant faire le bien ; mais il suffit d'avoir voulu faire le bien pour que le devoir soit rempli. Au contraire, rien n'est souvent plus difficile, plus incertain, plus compliqué, que les calculs d'intérêt. Que de spéculations, qui semblent très habilement concertées, échouent misérablement ! C'est bien ici que, suivant le mot de Bossuet, « la sagesse « humaine est toujours courte par quelque endroit. »

Le devoir est toujours praticable. Il n'est pas donné à tout le monde de posséder la richesse, la santé, une intelligence supérieure ; tout homme peut, quelle que soit sa condition, distinguer le bien du mal et vouloir faire le bien de préférence au mal. On peut dire que, malgré leur inégalité intellectuelle et sociale, devant la loi morale tous les hommes sont égaux.

Enfin, le devoir est méritoire par cela même qu'il est désintéressé. Qu'un homme mène à bien une spéculation faite à son profit, on pourra le féliciter ; on pourra dire qu'il s'est montré habile ; on ne dira pas qu'il a *mérité*. C'est pour d'autres actes que l'on réserve l'estime, l'admiration, le respect. Nous sommes tellement loin de confondre l'utile et l'honnête, l'intérêt et le devoir, qu'il suffit qu'une action ait été faite par intérêt pour que l'on refuse de lui attribuer une valeur morale. Cette distinction n'apparaît pas avec moins de netteté lorsqu'il s'agit du démérite. On s'indigne contre l'homme qui a commis le mal, mais non contre celui qui a échoué dans une entreprise, fût-ce par sa faute. Nous ne confondons pas davantage le regret que nous ressentons quand nous avons subi quelque échec avec le repentir ou le remords, qui suit une mauvaise action que nous avons commise. Que nous ayons perdu au jeu, cela nous est désagréable ; mais si, en gagnant, nous avions la conscience d'avoir trompé notre adversaire, nous éprouverions un sentiment tout différent.

Il n'y a donc pas de confusion possible entre l'intérêt et le devoir, entre les motifs sensibles et les motifs rationnels. Il faut reconnaître d'ailleurs que les motifs sensibles ne sont pas tous nécessairement égoïstes, car ils comprennent les sentiments les plus respectables de l'âme humaine, comme les affections de famille, la sympathie pour nos semblables; mais ces mobiles ou ressorts d'action se distinguent également des motifs moraux et doivent, en cas de conflit, leurêtre sacrifiés. Quant aux motifs purement égoïstes, ils peuvent se ramener tous à un principe unique: l'intérêt, l'utilité. Les motifs moraux se ramènent tous à un autre principe : le devoir, l'honnête. Le devoir et l'intérêt, l'honnête et l'utile, sont tantôt conformes l'un à l'autre, tantôt opposés, mais toujours distincts, quand même ils paraissent se confondre. Une action peut être utile et honnête à la fois; mais elle n'est pas honnête parce qu'elle est utile; elle est honnête parce qu'elle est honnête. Cette distinction de l'honnête et de l'utile nous est attestée par la conscience, qui ne se trompe jamais sur les motifs mêmes les plus subtils de nos actes; elle est en outre prouvée par les caractères essentiellement différents des motifs sensibles et des motifs rationnels, qui n'ont nullement la même valeur morale.

## V

*Que pensez-vous de cette maxime :*

« *Il est aussi impossible d'aimer le bien pour le bien que le mal pour le mal.* »
(*Helvétius.*)

**Plan.** — 1. Il est vrai que l'homme n'aime pas le mal pour le mal. Quand il fait le mal, c'est qu'il cède à la passion ou à l'intérêt. Lorsque Néron, dans *Britannicus*, prononce ces mots :

Je me fais de sa peine une image charmante,

Il est surtout guidé par sa haine contre un rival et par son désir d'entraver l'ambition de sa mère Agrippine.

2. Il est encore vrai que souvent l'homme accomplit le bien dans l'espoir d'une récompense. (Richesse, honneurs, estime publique.)

3. Mais il n'est pas vrai qu'il ne puisse aimer le bien pour le bien lui-même. Montrer comment le motif moral triomphe, dans bien des circonstances, de la passion et de l'intérêt. (Le dévouement, l'abnégation, le sacrifice : exemples tirés de la vie ordinaire.)

4. Il faut reconnaître toutefois que « il est fort différent de faire « une action honnête uniquement par calcul, et de se souvenir « en même temps avec satisfaction qu'elle portera en elle-même « sa récompense... Nous sentons fort bien si c'est l'intérêt qui « nous conduit, et s'il ne fait que nous consoler et nous encou- « rager... Le désintéressement qui ne va pas jusqu'à dédaigner « le bonheur à venir ou les joies d'une conscience pure est « encore digne de notre admiration et de nos respects. »

(J. Simon.)

## VI

*Qu'entendez-vous par le mot loi? Caractères propres de la loi morale ; distinguer la loi morale des lois civiles.*

**Développement.** — Les lois, en prenant le mot dans sa signification la plus étendue, sont, suivant la définition de Montesquieu, les rapports nécessaires qui dérivent de « la nature des « choses ; et dans ce sens, ajoute Montesquieu, tous les êtres « ont leurs lois : la divinité a ses lois, le monde matériel a ses « lois, l'homme a ses lois ».

Le monde matériel obéit aveuglément aux lois de la physique ; c'est en vertu de ces lois que les corps sont attirés vers le centre de la terre, et que la terre tourne sur elle-même. Les lois physiques et naturelles sont nécessaires et fatales ; la matière les subit sans les connaître et sans pouvoir échapper à leur action.

Les lois de la logique, c'est-à-dire les rapports qu'elle exprime, sont également nécessaires. Ainsi, cette notion : « Le tout est « plus grand que la partie » s'impose à l'intelligence de l'homme sans qu'il puisse la nier ou concevoir qu'elle ne soit pas.

La loi morale n'a pas un caractère nécessaire comme les lois physiques et naturelles ; elle laisse la volonté libre. Nos actes n'ont de valeur morale qu'à cette condition.

La loi morale est obligatoire, universelle, immuable, claire, toujours praticable.

Elle se distingue nettement des lois civiles, c'est-à-dire des prescriptions émanées de l'autorité souveraine d'un pays, et qui ont pour objet l'organisation et la défense de la société.

D'abord, elle n'a pas besoin, pour s'imposer à la volonté, d'être écrite et formulée dans un code ; l'homme la trouve au fond de sa conscience. Ce n'est pas du dehors que sa voix se fait entendre, c'est au dedans de l'homme lui même.

La loi civile ne s'applique qu'aux rapports des hommes entre eux ; elle n'atteint que les actes qui intéressent la vie sociale ; elle ne peut ni ne doit pénétrer dans le secret des intentions et dans le mystère de la vie privée. Elle ne demande pas compte à l'homme de l'accomplissement de ses devoirs envers lui-même. Elle ne saurait non plus exiger de lui par la contrainte l'accomplissement des devoirs de charité. La loi civile se borne à protéger la société, et ne se charge pas d'y faire régner la vertu. La loi morale, au contraire, embrasse l'homme moral tout entier. Il est tenu de s'y conformer, non seulement dans ses actes, mais dans ses intentions et dans ses pensées. Aussi ne suffit-il pas, pour être vertueux, de ne pas enfreindre les lois civiles, ou, comme on dit encore, les lois écrites. Le même homme peut-être innocent aux yeux du code pénal et coupable aux yeux de la morale. Si ces deux sortes de lois pouvaient être confondues, il s'ensuivrait que l'honnête homme serait celui qui aurait le bonheur ou l'habileté d'échapper à la cour d'assises ou à la police correctionnelle. La loi morale est plus exigeante ; elle n'admet pas qu'un acte soit légitime par ce fait seul que la justice des hommes ne peut l'atteindre.

La loi morale, avons-nous dit, est universelle et immuable, non dans ses applications, mais dans ses principes. La loi civile change selon les pays et selon les temps. Elle est, et doit être, appropriée au tempérament, à l'esprit général, aux mœurs des différents peuples. Elle varie dans un même pays avec les révolutions et la forme du gouvernement. On sait à quel point les lois civiles ont été transformées chez nous par la Révolution de 1789.

Tandis que la loi morale est toujours claire, il est nécessaire, pour bien connaître les lois civiles, d'en faire une étude préalable. Souvent même l'interprétation de ces lois présente d'assez grandes difficultés et réclame l'intervention des gens du métier. La loi morale n'a rien à voir avec les chicanes de la procédure.

Bien loin que la loi morale ait son origine et son principe dans les lois civiles; les lois civiles n'ont d'autorité que si elles ont pour fondement la loi morale. Ce n'est pas parce que le code punit le meurtre qu'il est mal de tuer, mais c'est parce qu'il est mal de tuer que le code punit le meurtre. Toute condamnation prononcée par les lois humaines, pour être autre chose qu'une répression de la violence par la violence, suppose nécessairement qu'il y a du bien et du mal, que l'homme est un être intelligent, libre, responsable, et que tout acte contraire à la justice mérite d'être réprimé. Ce n'est pas la société qui a fait ces principes à son usage; ils lui sont antérieurs. Ils dirigent le législateur qui fait la loi et le juge qui l'applique ; ils légitiment et consacrent l'emploi de la contrainte pour en assurer l'exécution. Otez un seul de ces principes, toute la justice humaine s'écroule, et n'est plus qu'un amas de conventions que l'on peut violer sans remords.

Il arrive trop souvent que les lois civiles soient en contradiction avec la loi morale ou loi naturelle, tant il est vrai que ces deux sortes de lois sont toujours distinctes. Le tyran de l'antiquité qui envoyait à la mort une sœur coupable d'avoir, malgré sa défense, rendu à son frère les honneurs funèbres, violait la loi morale ; il n'en était pas moins le représentant de la loi écrite. L'esclavage est condamné par la loi morale ; néanmoins, dans l'antiquité, il était protégé, consacré par la constitution. L'intolérance religieuse est contraire à la loi morale ; et cependant la liberté de conscience n'est reconnue chez nous que depuis un siècle.

Donc, la loi morale ne vient pas de la loi civile ; elle en est indépendante ; elle lui est supérieure ; elle n'est pas soumise à l'arbitraire des despotes et des multitudes. Elle est l'idéal dont la loi civile doit le plus possible se rapprocher. Les lois civiles sont des formules où l'on cherche à exprimer le moins imparfaitement qu'il se peut ce que demande la justice éternelle dans telle ou telle circonstance déterminée. Le droit civil suppose le droit naturel qui lui sert de fondement, de mesure et de limite. La loi écrite enseigne ce qui est défendu dans tel ou tel pays, sous des peines fixées par le législateur ; mais il y a des obligations morales, comme celle d'être bienveillant et charitable, qui relèvent de la conscience seule.

## VII

### *Fondement et caractères de l'obligation morale.*

**Plan.** — 1. L'obligation morale a pour fondement la distinction du bien et du mal, notion première, simple, absolue, par laquelle nous discernons tout d'abord, et, dans beaucoup de cas, sans examen, ce qui doit être recherché ou évité. En même temps que l'homme conçoit l'idée du bien, il se sent obligé de faire ou de vouloir ce que sa raison et sa conscience ont déclaré conforme au bien. Tel est en effet le caractère propre des vérités morales qu'elles apparaissent à la fois comme nécessaires à la raison et comme obligatoires à la volonté.

2. L'obligation morale n'est ni une contrainte, ni un simple conseil. Ce n'est pas une contrainte; car, si elle s'imposait à nous comme s'impose une nécessité physique, si elle ne laissait pas libre la volonté, il n'y aurait aucun mérite à faire ce que prescrit la loi morale. On ne doit pas violer la loi morale, mais on peut la violer; tel est le caractère d'une loi faite pour des êtres raisonnables et libres. D'autre part, l'obligation morale n'est pas un simple conseil; en effet, on a toujours le droit de ne pas suivre un conseil; on peut le discuter, on doit même en certains cas le repousser. La loi morale ne conseille pas; elle commande.

3. — L'obligation morale est absolue; elle ne comporte pas de degrés. Il y a des degrés d'importance dans les obligations diverses; mais il n'y en a pas dans l'obligation même. On n'est pas à peu près obligé, presque obligé; on l'est tout à fait ou pas du tout. Elle est encore absolue en ce sens qu'elle ne se subordonne pas à telle ou telle condition, à telle ou telle fin. Elle nous dit simplement : « Fais cela parce que tu dois le faire. » Devant l'idée du bien et l'obligation qu'elle entraîne, tous les caprices de l'esprit, de la sensibilité, de l'imagination doivent disparaître. C'est une loi inflexible qui n'admet pas d'accommodement.

4. Si l'obligation est absolue, elle est immuable et universelle. Car si l'obligation d'aujourd'hui pouvait ne pas être celle de demain, si ce qui est obligatoire pour vous pouvait ne pas l'être pour moi, l'obligation n'aurait plus le caractère d'une loi. Or, la loi morale commande sans faire acception des personnes, des temps, des circonstances; elle s'étend à toutes les volontés libres.

3. Il y a donc dans l'obligation morale deux éléments : l'idée ou notion première du devoir, absolue et impérative ; l'idée nette et le sentiment de notre liberté et de notre responsabilité ; car il n'y a qu'un être raisonnable et libre qui puisse être obligé.

## IX

*Pascal a dit :*

« ... *On ne voit presque rien de juste ou d'injuste qui ne change de qualité* « *en changeant de climat... Plaisante justice qu'une rivière borne ! Vérité en* « *deçà des Pyrénées, erreur au delà !*

*Que pensez-vous de cette parole ?*

1. En exprimant cette idée, Pascal est conséquent avec sa doctrine. Frappé des contradictions de notre nature, et de la faiblesse de la raison humaine, il croit l'homme incapable de connaître la vérité par lui-même. A ses yeux, la grâce est la seule ressource, et la foi, le seul asile de la raison convaincue d'impuissance. Il n'y a donc pour lui, en dehors de la foi, ni raison, ni justice, ni vérité, ni loi naturelle.

2. L'opinion de Pascal est fausse. Ce qui varie chez les divers peuples ce sont les lois civiles, les institutions, en un mot les applications de la loi morale ; et ces différences s'expliquent tout naturellement par le tempérament, le climat, les mœurs, le degré de civilisation.

3. Ce qui ne varie pas, ce qui est universel, ce sont les principes de la morale, la distinction du bien et du mal, l'idée d'obligation, les idées de mérite et de démérite.

## X

*Énoncer et expliquer les formules de la loi morale.*

**Plan.** — 1. Le devoir étant un commandement absolu et sans conditions, la première formule de la loi morale est celle-ci : « *Fais ce que dois, advienne que pourra* ».

2. Le devoir étant universel, une seconde formule se dégage de cette notion : « Agis toujours de telle manière que tu puisses « ériger ton action en règle universelle. » Demandons-nous toujours si l'acte que nous allons accomplir nous paraîtrait bon accompli par un autre que par nous-mêmes. En effet, celui qui fait le mal, celui qui trompe, qui vole ou qui tue, sait très bien que son action ne peut être érigée en règle universelle. Il se permet à lui-même une action qu'il sait mauvaise, mais avec l'espérance de n'être pas imité; et s'il risquait d'être victime lui-même d'un traitement semblable, si l'on voulait « *lui en faire autant* » il serait le premier à protester au nom de la justice.

3. L'homme, possédant la raison et la liberté, est une personne morale, un être digne de respect. C'est en cela que consiste la dignité humaine. Cette dignité, nous sommes tenus de la respecter chez nous-mêmes et chez les autres. Sur ce principe est fondée la formule suivante de la loi morale : « Agis de telle « façon que tu traites l'humanité, aussi bien dans ta propre « personne que dans la personne d'autrui, toujours comme fin, « jamais comme simple moyen. »

Que signifie, dans cette formule, le mot *humanité?* On entend par là les attributs distincts, essentiels de l'homme, la raison et la liberté. Celui, par exemple, qui emploie sa raison et sa liberté à se procurer de grossiers plaisirs, traite en lui l'humanité, c'est-à-dire les facultés propres à l'homme, comme un instrument, comme une chose inférieure, *comme un moyen*. Il déprave en lui-même la personne morale. Le possesseur d'esclaves la déprave chez les autres. Il se sert de l'intelligence et de la volonté d'un autre homme pour la satisfaction de ses caprices et de ses passions; il ne respecte pas la dignité humaine. La morale veut, au contraire, que l'humanité soit traitée comme une fin; c'est-à-dire que le développement, chez nous-mêmes et chez les autres, des facultés essentiellement humaines, de la raison, de la liberté, de la personnalité, soit considéré comme le but véritable et l'idéal de la vie.

## XI

### *De la responsabilité; ses conditions, ses degrés et ses limites.*

**Développement.** — L'homme, être doué de raison, personne morale, sait qu'il y a du bien et du mal, qu'il est obligé de faire le bien et d'éviter le mal. Il sait de plus, par le témoignage immédiat de sa conscience et par le raisonnement, qu'il est libre de se conformer ou de se soustraire à cette obligation, autrement dit, de choisir entre le bien et le mal.

Par cela même qu'il est libre, il est responsable de ses actes, c'est-à-dire qu'il est tenu d'en rendre compte et d'en supporter les conséquences bonnes ou mauvaises.

Tel est le principe de la responsabilité; voyons quelles en sont les conditions.

Tout d'abord, il n'y a de responsable que l'être doué de raison et de liberté. L'animal n'est pas responsable; il est innocent, c'est-à-dire qu'il ignore la distinction du bien et du mal et qu'il obéit aveuglément à l'instinct.

L'homme seul est responsable, parce qu'il est intelligent et libre. C'est parce qu'il se sent responsable, qu'il hésite et recule devant une mauvaise action dont l'idée se présente à lui; c'est par la même raison qu'il éprouve de la satisfaction ou du remords. C'est au nom du principe de la responsabilité qu'il approuve ou condamne les actions des autres et les siennes. Le premier effet de la responsabilité se fait donc sentir en lui-même dans sa conscience. Il sait, quand il a fait le bien, qu'il a mérité, c'est-à-dire qu'il a droit à une récompense; il sait, quand il a fait le mal, qu'il a démérité, c'est-à-dire qu'il a donné aux autres le droit de le punir. Dans la vie sociale, la responsabilité a donc pour conséquence le droit de punir, autrement dit le droit que donne à la société contre lui-même l'homme qui a violé les devoirs de la justice.

Mais l'homme lui-même cesse d'être responsable, lorsqu'il n'a plus conscience de ses actes. Le fou qui commet un meurtre n'est pas un criminel; c'est un être dangereux qu'on enferme, un malade qu'on tâche de guérir.

Jusqu'à un certain âge, l'enfant est irresponsable; il n'a pas le discernement du bien et du mal : c'est un inconscient.

Le sauvage, ce grand enfant, est moins responsable que l'homme civilisé; c'est une conscience ignorante. On ne peut lui faire un crime de ne pas accomplir les devoirs dont il n'a pas l'idée. L'homme, en effet, n'est responsable de manquer au devoir que dans la mesure où il le connaît.

La responsabilité n'existe pas davantage pour l'homme qui, connaissant le devoir, se trouve par des raisons indépendantes de sa volonté, dans l'impossibilité de l'accomplir. On ne reprochera pas à un paralytique de rester assis dans son fauteuil au lieu de voler au secours d'un homme en péril. On ne saurait davantage regarder comme criminel ou délicteux un acte nuisible, mais involontaire. L'auteur d'un tel acte est condamné à une indemnité équivalente au dommage causé; il n'est pas condamné à une peine proprement dite.

La responsabilité a donc ses conditions et ses limites; elle a aussi ses degrés.

Tout ce qui peut diminuer la liberté diminue la responsabilité. La justice humaine se montre moins sévère pour un crime commis dans l'ivresse ou dans un transport de colère que pour un meurtre prémédité. La responsabilité n'est pas supprimée, bien loin de là, parce qu'il dépend toujours de l'homme de ne pas s'enivrer et de contenir la violence de ses passions; mais elle est moindre, et l'on admet, dans ce cas, en faveur du coupable, des circonstances atténuantes.

La responsabilité augmente en proportion de la culture intellectuelle et morale. L'homme éclairé qui fait le mal est mille fois plus coupable que l'ignorant. Comme jadis la noblesse, aujourd'hui l'instruction oblige.

La responsabilité varie suivant les personnes, suivant ce qu'elles savent, et suivant ce qu'elles sont capables de vouloir. Elle varie aussi selon la gravité de la faute commise. Aussi rien n'est plus faux que d'affirmer, comme les philosophes stoïciens, que toutes les fautes sont égales. Jamais on n'admettra, ainsi que le disait Cicéron, que l'homme qui tord le cou à un poulet qui ne lui appartient pas soit aussi criminel que le fils qui étrangle son père.

La responsabilité ayant ses degrés, il est juste et nécessaire, quand on juge les actions des autres de tenir compte des influences diverses qui ont pu égarer ou faire fléchir leur volonté. Or, il nous est très difficile de pénétrer dans la conscience de chaque homme et de discerner exactement toutes les circonstances qui peuvent aggraver ou atténuer la responsabilité. Et c'est cela qui doit nous disposer à l'indulgence. Ne croyons pas à l'infaillibilité de notre justice, et gardons-nous de condamner trop vite, de peur de juger une cause que nous n'avons pas suffisamment entendue ! Nous ne connaissons pas assez le fond du cœur des autres hommes pour nous montrer absolument rigoureux à leur égard. Puissions-nous seulement nous bien connaître nous-mêmes, et ne pas nous dissimuler par irréflexion ou par complaisance nos propres faiblesses !

## XII

*Réfuter les hypothèses qui rapportent la notion du devoir et le sentiment moral à une convention ou contrat social, à la volonté arbitraire des premiers législateurs, et à la force de l'éducation et de l'exemple.*

**Plan.** — 1. Toute notion du devoir, dans quelque système que ce soit, doit renfermer ces cinq éléments : obligation, universalité, invariabilité, clarté, possibilité. L'absence d'un seul de ces éléments suffit pour condamner le système. Examinons à ce point de vue les différentes hypothèses auxquelles certains philosophes ont voulu ramener la notion du devoir.

2. Selon J.-J. Rousseau, les hommes, vivant d'abord à l'état sauvage, se seraient un beau jour dégoûtés de la vie nomade et solitaire, et auraient pris d'un commun accord la résolution de passer de l'état naturel à l'état civil et de se grouper en sociétés. En même temps, ils auraient décidé que tous les membres de la société nouvellement constituée seraient astreints à certaines obligations fixées par eux-mêmes. De là la no ion du devoir.

*Réfutation.* — 1. D'abord est-il vrai de dire que l'état sauvage soit l'état naturel de l'homme? L'homme n'est-il pas, au contraire, suivant le mot d'un philosophe ancien, *un animal politique*? 2. La notion du devoir, ainsi comprise, n'a plus rien d'obligatoire. En effet, s'il ne me plaît pas d'adhérer à votre contrat, au nom de quel principe prétendez-vous m'y contraindre ?

3. Elle n'est plus universelle. Le contrat ne peut lier que les contractants ; il faudrait donc supposer que tous les hommes, sans exception, ont assisté à la rédaction du contrat, ce qui est impossible. Supposons un seul absent ; celui-là n'aura donc

jamais l'idée du devoir ! 4. Elle n'est donc pas invariable. Un contrat peut toujours être modifié par la volonté des contractants. Le principe de la morale serait donc soumis à tous les caprices de la volonté humaine, et l'homme pourrait à tout moment décider par une convention nouvelle que ce qui était bien hier est mal aujourd'hui !

3. Un philosophe anglais, Hobbes, rapporte la notion du devoir à la volonté arbitraire des premiers législateurs. Mais une volonté arbitraire ne saurait m'obliger. Tant qu'un homme ne me parlera qu'en son propre nom, je ne me croirai nullement tenu d'obéir. Qu'il vienne, au contraire, me parler au nom d'un principe inviolable et sacré qui règle sa volonté comme la mienne, alors seulement je me soumettrai sans résistance, parce que je céderai, non au bon plaisir d'un homme, mais à l'autoirté d'une loi souveraine que le législateur porte au dedans de lui, comme je la porte au dedans de moi. Ajoutons que la notion du devoir, ainsi que la comprend Hobbes, n'est ni universelle, ni invariable.

4. Peut-on expliquer la notion du devoir par l'éducation? Mais l'éducation développe, elle ne crée pas, le germe des idées morales ; elle suppose le principe, et ne le donne pas. Remarquons du reste qu'il y a une bonne et une mauvaise éducation, et que l'homme échappe souvent à l'influence de l'une et de l'autre. Comment le pourrait-il si tout lui venait de l'éducation?

5. Peut-on l'expliquer par l'exemple? Mais il y a de bons et de mauvais exemples. Lesquels dois-je imiter ? Les bons, sans doute. Mais qui mavertira que tel exemple est bon et tel autre mauvais ? Et si je vis dans la solitude, quel exemple aurai-je sous les yeux pour m'instruire du bien et du mal ?

6. Conclusion.

## XIII

*Que pensez-vous de cette maxime d'un philosophe contemporain : « Sans l'éducation, l'homme ne serait qu'une bête féroce? »*

**Plan.** — 1. L'auteur de cette maxime s'abuse sur la puissance de l'éducation qui développe et ne crée pas. 2. Si l'homme était naturellement parfait, l'éducation lui serait inutile ; s'il n'avait que des instincts féroces, elle ne les corrigerait pas ; on n'envoie pas un tigre à l'école. 3. Si tout vient de l'éducation, où donc l'éducateur lui-même aurait-il puisé les notions morales qu'il transmet aux autres? 4. Conclusion. L'homme n'est naturellement ni ange, ni bête féroce ; il apporte en naissant le germe du bien et du mal ; l'éducation dirige et redresse le naturel ; elle ne peut rien de plus.

## XIV

*Refuter les systèmes philosophiques qui ont confondu l'agréable et l'utile avec l'honnête et qui ont donné l'intérêt pour bas eà la morale.*

**Développement.** — Il s'est trouvé dans tous les temps des philosophes qui ont confondu l'agréable et l'utile avec l'honnête, et qui ont érigé en règle de conduite la recherche du plaisir ou de l'intérêt.

Chez les Grecs par exemple, Aristippe de Cyrène et ses disciples, partant de ce principe que l'homme est naturellement sensible au plaisir et à la peine, qu'il recherche l'un et qu'il fuit l'autre, que c'est là son premier instinct et que cet instinct ne l'abandonne jamais, prêchaient sans déguisement la morale du plaisir. Jouir, disaient-ils, voilà ce que demande la nature ; tel est le but de la vie, telle est la fin de l'homme. Epicure, au lieu de proposer à l'homme, comme règle et comme fin, la recherche immédiate d'un plaisir quelconque, substituait à cette doctrine grossière, qui ne mérite même pas le nom de doctrine, un système qui laisse place à la réflexion, à la prudence, au raisonnement. Il conseillait à l'homme de sacrifier le plaisir du moment au plaisir en espérance, de rechercher non le plaisir, mais le bonheur, et de prendre pour règle de conduite l'intérêt bien entendu. Le fond de la doctrine d'Épicure est l'égoïsme prévoyant, délicat, raffiné. C'est la morale du plaisir perfectionné. Epicure admet les mots de bien et de mal, mais il les explique à sa manière. Le bien, c'est ce qui est conforme à notre intérêt; le mal, c'est ce qui lui est contraire.

Ces doctrines ont souvent reparu, sous des formes différentes, dans les temps modernes. On peut dire en général que tout système philosophique qui nie la liberté est condamné, qu'il le veuille ou non, à fonder la morale sur l'intérêt.

Sans doute, la nature a mis dans le cœur de l'homme le goût du plaisir et le désir du bonheur, l'amour de soi, les passions qui animent la vie. Ce sont là des mobiles qui stimulent son activité et qui le poussent à améliorer sans cesse sa condition sur la terre. Mais la question est de savoir si l'égoïsme, sous quelque forme qu'il se présente, jouissance immédiate de ce qui est agréable, ou recherche du plaisir différé et calculé, c'est-à-dire du bonheur, présente les caractères d'une loi morale et doit servir de règle à nos actions.

On peut remarquer d'abord que ramener tous les sentiments à l'égoïsme, c'est mutiler la vérité. La morale de l'intérêt choisit parmi les faits psychologiques ceux qui lui conviennent, et elle répudie tous les autres. Il est facile, en effet, de montrer qu'elle est en contradiction avec un certain nombre de phénomènes que présente la nature humaine, et qu'on appelle les phénomènes moraux. Elle ne saurait rendre compte, par exemple, de la lutte entre le devoir et l'intérêt. Ne pouvant expliquer la présence dans l'âme humaine des motifs désintéressés, elle se contente de les nier.

Il est facile, en outre, de prouver que la recherche de l'intérêt ne présente aucun des caractères de la loi morale : un tel motif n'est ni obligatoire, ni universel, ni clair, ni toujours praticable, ni méritoire.

La morale de l'intérêt se présente sous une forme plus élevée et plus noble dans le système du célèbre jurisconsulte anglais Bentham, qui donne pour règle de conduite à l'homme la recherche de *l'intérêt du plus grand nombre.* L'homme songera d'abord à son intérêt propre, en se préoccupant surtout de l'avenir, en sacrifiant le plaisir à l'intérêt bien entendu ; mais ce n'est pas tout : comme l'individu n'est pas isolé et qu'il vit en société, il se dira que son intérêt particulier et le bien public sont inséparables, et que le meilleur moyen d'assurer son intérêt particulier c'est de travailler à l'intérêt général. Les effets d'une action utile ou nuisible s'étendent autour de celui qui l'a faite, atteignent, de proche en proche, différentes classes d'individus, et parviennent, en quelque occasions, jusqu'aux dernières extrémités de la société. Le calcul de tout le mal et de tout le bien que fait une action à la société, par delà l'individu qui le subit directement, et les lois selon lesquelles ce bien et ce mal voyagent et s'éparpillent, telle est la considération qui devra régler la conduite de l'homme. En résumé, une action est bonne ou mauvaise, selon qu'elle est utile ou nuisible à la société.

Tout en reconnaissant que le principe de l'intérêt général peut, dans la pratique, inspirer le désintéressement, et que l'homme qui, dans ses actions, ne perdrait jamais de vue l'utilité du plus grand nombre, pourrait être, par une heureuse inconséquence, un sage ami de l'humanité, on a le droit d'invoquer contre cette doctrine tous les arguments qui condamnent le système de l'égoïsme.

Et d'abord, qu'on fasse appel à l'intérêt particulier ou à l'intérêt général, c'est toujours l'intérêt qu'on nous donne comme motif de nos actions et comme règle de conduite ; or, de l'intérêt il est impossible de faire sortir une loi morale.

Vous m'ordonnez de sacrifier mon intérêt particulier à l'intérêt général. Mais au nom de quoi me l'ordonnez-vous ? Au nom seul de l'intérêt ? Mais si l'intérêt, comme tel, doit me toucher, évidemment mon intérêt particulier doit me toucher aussi, et je ne vois pas pourquoi je le sacrifierais à l'intérêt général. Le but suprême de la vie humaine, c'est le bonheur, dites-vous. J'en conclus fort raisonnablement que le but suprême de ma vie est mon bonheur. Or, si je ne puis assurer mon bonheur qu'aux dépens du bonheur général, s'il y a contradiction entre mon intérêt propre et celui de la société, de quel droit exigez-vous que je me dévoue pour autrui ? Il vous plaît de déclarer que, en travaillant au bien des autres, j'y trouverai mon compte ; fort bien : mais si je suis d'un avis contraire, si je crois, à tort ou à raison, que mon intérêt particulier ne saurait se concilier avec le sacrifice que vous me demandez, au nom de quel principe condamnerez-vous l'application que je fais de vos maximes ?

Avec le principe de l'intérêt du plus grand nombre, vous me jetez dans de singulières perplexités. J'ai déjà bien de la peine à discerner mon intérêt véritable dans l'obscurité de l'avenir : que sera-ce donc, lorsqu'il me faudra rechercher, avant d'agir, quel est l'intérêt, non pas seulement de moi, mais de ma famille ; non pas seulement de ma famille, mais de ma patrie ; non pas seulement de ma patrie, mais de l'humanité ! Quoi ! je dois embrasser le monde entier dans ma prévoyance et dans mes calculs ! Mais, dans la plupart des cas, ai-je le loisir de délibérer aussi longuement ? Est-ce que la conscience peut attendre ?

Avec une loi si difficile à interpréter, et, par cela même, si complaisante, que vous laissez de place aux sophismes de la passion et de l'égoïsme! Il ne sera jamais difficile de trouver quelque raison éloignée d'intérêt général qui nous dispensera d'accomplir le devoir du moment. Un pauvre s'adresse à ma générosité : mais l'argent que je suis tenté de lui donner ne pourrait-il être employé d'une manière plus utile? Faire l'aumône, est-ce bien rendre service à la société? Que d'incertitudes, que de calculs! Quel bon prétexte on fournit à l'avarice!

Que de crimes même enfantera le principe de l'intérêt général! Un ennemi vainqueur ou un peuple furieux menacent de détruire une ville entière, si on ne leur livre la tête d'un innocent. Au nom de l'intérêt général, on immolera cet homme sans scrupule. Si la justice n'est que l'intérêt du plus grand nombre, cet homme est un obstacle au bien public : donc, il est parfaitement juste d'offrir cet innocent en holocauste au salut public!

Le salut public est la première loi! La fin justifie les moyens! Voilà les tristes conséquences qui découlent de la doctrine qui érige en règle morale l'intérêt du plus grand nombre.

Concluons que la conscience n'attend pas les conséquences d'un acte pour le juger; elle le juge en lui-même; elle ne considère que la volonté de celui qui l'accomplit. Sans doute, en faisant le bien on rend service à la société; mais une bonne action n'est pas bonne parce qu'elle est utile au plus grand nombre; elle est bonne en elle-même, parce qu'elle est conforme au bien.

## XV

*Peut-on donner comme origine à la notion du devoir, l'espoir des récompenses et la crainte des châtiments?*

**Plan.** — **1**. Donner comme origine à la notion du devoir l'espoir des récompenses et la crainte des châtiments, c'est confondre le principe et la conséquence. Il n'y a récompense ou châtiment que là où il y a mérite ou démérite; or, l'idée de mérite ou de démérite suppose une autre idée qui lui est antérieure, l'idée du bien; sinon, les mots récompense et châtiment sont vides de sens.

2. Le caractère propre de la vertu, c'est d'être désintéressée. La vertu que l'on pratique en vue d'une récompense ne mérite pas le nom de vertu. Le devoir accompli par intérêt n'est plus le devoir. C'est donc supprimer la notion même du devoir que de l'expliquer par un motif intéressé.

3. L'expérience de la vie proteste contre une telle explication. Ne voit-on pas chaque jour l'honnête homme refuser la récompense qu'on lui offre pour un acte de probité ou de dévouement? Ne voit-on pas, dans l'histoire, les martyrs braver les supplices pour obéir à la voix de leur conscience?

4. La récompense et la peine satisfont au mérite et au démérite, mais ne le constituent pas. Supprimez toute récompense et toute peine, vous ne supprimez ni le mérite, ni le démérite, ni la distinction du bien et du mal. Donc le bien est bien en lui-même, quelles qu'en soient les conséquences.

## XVI

*Montrer l'insuffisance du sentiment comme principe unique de la morale.*

**Développement.** — Un certain nombre de philosophes, J.-J. Rousseau en France, Ad. Smith en Angleterre, Jacobi en Allemagne, ont cherché dans le sentiment la règle de la liberté. Écoutons, disent-ils, la voix de la nature, l'instinct du cœur, les inspirations simples et naïves de la bonté! L'instinct n'est-il pas un guide plus sûr que la science et que les plus belles théories du monde? N'est-il pas vrai que, après avoir bien ou mal agi, nous éprouvons soit une satisfaction intérieure, qui est comme le prix de la bonne action que nous venons d'accomplir, soit une souffrance qui est l'expiation de la faute, et qui empoisonne nos joies coupables? D'autre part, n'est-il pas vrai que nous sympathisons avec les autres hommes, que nous ressentons leurs joies et leurs peines, que nous recevons, pour ainsi dire, le contre coup de toutes leurs émotions? Les actions de nos semblables n'éveillent-elles pas en nous tantôt des sentiments de sympathie et de bienveillance, tantôt des sentiments d'antipathie et de malveillance pour leurs auteurs? Quand un homme a fait une bonne action, nous lui souhaitons du bien, nous lui en ferions volontiers, nous l'aimons en un certain degré, de même que nous nous aimons, en quelque sorte, nous-mêmes, quand nous avons bien agi. La vue d'une mauvaise action provoque en nous des sentiments tout opposés, sentiments qui se tournent contre nous, quand nous faisons mal, aussi bien que contre les autres. Ne peut-on en conclure que le signe et la mesure du bien est dans la satisfaction morale que nous éprouvons, quand il s'agit de nous-mêmes, et dans le sentiment de bienveillance et d'affection que nous ressentons pour un agent moral, quand il s'agit de nos semblables? Ainsi, tout acte sera bon, qui excitera en nous des sentiments sympathiques; tout acte sera mauvais, qui nous inspirera instinctivement de l'antipathie. Le principe unique de la morale sera donc le sentiment.

Sans doute, une telle doctrine est infiniment supérieure à la morale de l'égoïsme. Rien n'est plus contraire à l'intérêt que la bienveillance, puisqu'elle se rapporte à un autre que nous, et le charme du plaisir de la conscience vient précisément de ce qu'on s'est oublié soi-même dans l'action qui l'a fait naître. La morale du sentiment est élevée et généreuse; on peut même dire qu'elle est vraie; seulement, elle ne se suffit point à elle-même; elle a besoin d'un principe qui l'autorise.

Or, la morale du sentiment a le tort de prendre comme principe ce qui n'est qu'une conséquence. Ce n'est pas parce que nous éprouvons de la satisfaction morale ou du remords que nous jugeons avoir bien ou mal agi ; c'est, au contraire, le jugement que nous portons sur nos actes qui produit ces deux sentiments. Or, on ne saurait trop le redire : c'est le jugement qui précède, et, c'est à la suite du jugement que notre sensibilité s'émeut. Loin de fonder l'idée du bien, le sentiment la suppose. De même, ce n'est pas parce que nous voulons du bien à l'auteur d'une action, que nous jugeons que cette action est bonne ; c'est parce que nous avons jugé que cette action est bonne, que nous voulons du bien à son auteur.

Que d'autres objections on peut encore élever contre la morale du sentiment !

D'abord, si la sympathie était le signe et la mesure du bien, tout ce qui exciterait notre sympathie serait bien.

Or, bien souvent nous sympathisons avec des sentiments qui ne touchent en rien à la question du bien et du mal : la douleur, la joie, les souffrances physiques même, excitent notre sympathie.

La sympathie n'est pas toujours, il s'en faut, d'accord avec la raison. Nous sympathisons avec certains sentiments qui, sans être mauvais, mettent sur la pente des grandes fautes ; nous éprouvons même de la bienveillance pour certaines faiblesses que nous rencontrons chez autrui et que nous savons être aussi les nôtres. Que de fois la sympathie et la bienveillance nous égarent !

Comme l'a dit Molière : on

> Aime jusqu'aux défauts des personnes qu'on aime.

L'amitié, par exemple, ne nous rend-elle pas souvent plus bienveillants que la justice ne voudrait? L'affection peut-elle être impartiale? A tout moment la passion nous aveugle; comment serait-il possible de la prendre pour règle de nos jugements et de notre conduite?

Le sentiment est trop variable, trop mobile, trop capricieux pour être jamais une mesure fixe et générale de la valeur de nos actes. L'état de l'atmosphère, la santé, la maladie, la solitude, le bruit du monde, mille autres circonstances émoussent ou avivent notre sensibilité morale. L'humeur a ses vicissitudes qui influent sur nos sentiments les plus intimes. Le sens moral aura donc en nous ses intermittences; ce qui est vertu ou vice changera selon la manière dont nous serons affectés; le bien et le mal deviendront choses relatives et toutes personnelles; les qualités des actions humaines seront ce que les fera notre disposition du moment.

De même, si nous devons juger de la valeur morale de nos actions par les sentiments de sympathie ou d'antipathie qu'ils excitent chez nos semblables, c'est le caprice d'autrui qui nous servira de règle.

Mais rien n'est plus mobile que l'opinion publique. Telle action excite aujourd'hui l'enthousiasme de la foule; que le vent vienne à tourner, et la même action laissera la foule indifférente, ou provoquera sa réprobation. Et voilà à quelles fluctuations sera soumise la loi morale! Ce n'est pas tout : si nous vivons dans une société corrompue, il nous faudra donc, dans la crainte d'inspirer l'antipathie, nous abaisser au niveau général des esprits et des consciences, faire comme tout le monde, et mettre notre âme à l'unisson et comme en équilibre avec celle d'autrui? Ne sait-on pas, au contraire, que l'homme vertueux, *l'homme juste et ferme dans ses desseins*, suivant le mot d'un ancien poète, ne doit pas craindre, en certaines occasions, de braver l'opinion publique, de sacrifier sa popularité à l'intérêt supérieur de la justice et du droit? Il arrive souvent en effet que, soit chez les autres, soit chez nous-mêmes, la sympathie soit en contradiction avec la justice, et c'est là une opposition dont la morale du sentiment ne saurait rendre compte.

Concluons, avec M. Cousin, que « la morale du sentiment, « quoique supérieure à celle de l'intérêt, est encore insuffi- « sante : 1. Elle donne pour fondement à l'idée du bien ce qui « est fondé sur cette idée même. 2. La règle qu'elle propose est « trop mobile pour être universellement obligatoire. »

## XVII

### *Quel est le rôle du sentiment dans la morale?*

**Plan.** — Le sentiment ne saurait être la règle de nos actions. (Dire pourquoi.) Mais il joue un grand rôle dans la morale. Il nous fait aimer le bien, il soutient notre volonté, il nous rend plus facile l'accomplissement du devoir (satisfaction de la conscience, remords.)

2. Les sophismes de l'intérêt personnel, les mauvais conseils, les théories fausses et dangereuses ont moins de prise sur l'esprit, quand l'esprit est, en quelque sorte, défendu par le cœur. Le sentiment peut redresser les erreurs du jugement, retenir, par exemple, un fanatique égaré par de funestes maximes.

3. Pour résister aux passions coupables, le secours des passions généreuses, qui ont leur charme et leur force, nous est souvent nécessaire.

4. L'émulation, le désir de conquérir l'estime des hommes, l'amour de la gloire, nous font accomplir de grandes choses.

5. Cultiver en soi la bienveillance et la sympathie, c'est féconder la source de la charité et du dévouement. Aimez-vous les uns les autres! Le devoir est doux à remplir, quand on aime les personnes envers qui le devoir oblige.

6. Il faut donc ouvrir notre cœur à toutes les émotions généreuses; il faut se passionner pour tout ce qui est noble et grand, pour la vérité, la justice, la vertu. L'enthousiasme élève

l'homme au dessus de lui-même et l'arrache à l'esclavage de l'intérêt personnel.

## XVIII

*Développer cette pensée :*

*« L'enthousiasme est en soi une si belle chose qu'il vaut mille fois mieux en être capable, dût-on en être dupe. »*

## XIX

*Marquer la différence entre l'estime et la sympathie.*

**Plan.** — 1. La sympathie est un effet des inclinations bienveillantes, une disposition naturelle, presque instinctive, qui nous rapproche de telle ou telle personne, nous associe plus étroitement à ses joies et à ses peines, et nous la fait rechercher de préférence aux autres. La sympathie naît de la ressemblance des caractères et de la communauté des goûts ; elle naît aussi des contrastes; elle peut naître enfin d'un simple hasard. « Je « l'aimais, dit Montaigne en parlant d'un ami, parce que c'était « lui, parce que c'était moi. » La sympathie a sa source dans le cœur ; l'estime, au contraire, vient de la raison ; ce n'est pas un sentiment, c'est un jugement par lequel on honore les qualités morales d'autrui.

2. La sympathie se produit immédiatement, souvent sans que l'on sache pourquoi. Pour estimer une personne, il est nécessaire de la bien connaître.

3. La sympathie est mobile et variable ; elle peut même, sans motifs sérieux, se changer en aversion. On hait quelquefois ceux que l'on a trop aimés. L'estime ne varie pas : on peut cesser d'aimer une personne, sans pour cela cesser de l'estimer. La sympathie est plus ou moins vive, selon la personne qui

l'inspire ; l'estime est indépendante des personnes, des situations, des caprices de l'humeur. Nous estimons la vertu même chez les gens qui nous déplaisent.

4. Il peut y avoir sympathie entre les hommes vicieux ; le vice est un lien qui les rapproche et les unit. L'estime ne s'adresse qu'à la vertu.

5. La sympathie peut nous tromper, en nous aveuglant sur les défauts de la personne que nous aimons. C'est donc une règle de la prudence de ne pas trop vite écouter les inspirations capricieuses du cœur et de réserver notre estime.

6. L'estime et la sympathie sont choses bien distinctes ; souvent elles sont séparées, mais plus souvent encore elles sont unies. Nous sympathisons naturellement avec la vertu. Cette sympathie que nous éprouvons pour les gens de bien est en quelque sorte une sympathie éclairée ; c'est le sentiment dirigé par la raison.

## XX

*Expliquer cette parole de La Rochefoucauld :*

*« L'esprit est souvent la dupe du cœur. »*

## XXI

*Expliquer cette parole :*

*« Ceux qui veulent le bien sont les seuls qui sachent clairement ce qu'ils veulent. »*

## XXII

*Qu'est-ce que le sentiment de l'honneur ? Peut-on en faire la base de la morale ?*

**Plan.** — 1. Le sentiment de l'honneur n'est autre chose que le sentiment de ce qui nous élève ou nous abaisse aux yeux des autres hommes : c'est le souci de l'opinion publique, le désir d'être, comme dit Pascal « dans l'estime de nos semblables. »

2. Le sentiment de l'honneur joue un grand rôle dans la morale. La crainte de déchoir dans l'opinion de nos semblables nous préserve des chutes et nous encourage à persévérer dans le bien. Un tel sentiment est souvent la sauvegarde de la dignité.

3. Mais peut-on faire du sentiment de l'honneur la base de la morale ? Non ; car l'opinion publique, mobile et capricieuse, place souvent l'honneur là où il n'est pas. « L'honneur des « Romains ne les obligeait pas de se battre en duel : l'honneur « des sauvages de l'Amérique les oblige à scalper beaucoup « d'ennemis. » (J. Simon).

4. Le sentiment de l'honneur varie selon la condition des hommes, selon leur rang, selon les préjugés de caste. Tel homme ne se fera aucun scrupule de manquer aux devoirs de justice et de charité, et se croira déshonoré s'il enfreint certaines conventions puériles dont l'usage a fait une loi dans le milieu où il vit. Tel autre même tirera vanité de ses vices, et craindra de se rendre ridicule par ses vertus. Il y a l'hypocrisie du mal, comme il y a l'hypocrisie du bien, et l'honneur n'est que trop souvent l'élégance du vice.

5. Est-il possible de prendre l'opinion publique comme règle de nos actions ? Ce serait ériger en loi le respect humain, c'est-à-dire la soumission sans réserve aux caprices et aux préjugés de ceux qui nous entourent. La conscience ne nous ordonne-t-elle pas au contraire de nous mettre au-dessus de cette prétendue règle, de tout faire pour mériter l'estime publique, mais de savoir au besoin nous en passer ? « La vertu, dit M. J. Simon, « ne dépend de personne, l'honneur dépend de tout le monde. »

6. Donc, le sentiment de l'honneur, précieux en lui-même, ne saurait servir de base à la morale. Il y a, en effet, un vrai et un faux honneur, et souvent même les conventions sociales, les préjugés à la mode, sont en contradiction avec le devoir.

## XXIII

*Qu'est-ce que l'honneur? Y a-t-il un vrai et un faux honneur?*

## XXIV

*Développer cette pensée :*

*« Il n'est pas honnête de s'asservir à l'opinion, mais il y aurait trop d'orgueil à la braver. »*

## XXV

*Qu'entendez-vous par les sanctions de la loi morale? Montrer l'insuffisance des sanctions purement humaines.*

**Plan.** — 1. Le mérite et le démérite entraînent après eux, comme conséquences naturelles, la récompense et le châtiment. La récompense est la part de bonheur proportionnée au mérite; le châtiment, la somme de malheur ou de souffrance proportionnée au démérite.

2. On entend par sanction d'une loi l'ensemble des peines ou des récompenses attachées à la violation ou à l'accomplissement de cette loi. La sanction d'une loi n'en est pas le principe; la loi est respectable en elle-même parce qu'elle est juste. La sanction s'ajoute à la loi, mais ne la fonde pas. Toutefois, la sanction est éminemment morale et utile; les peines et les récompenses sont des mobiles de crainte ou d'espoir qui détournent du mal et encouragent au bien.

3. La loi morale doit être respectée pour elle-même; mais, comme toute loi, elle a des sanctions.

Les sanctions de la loi morale sont :

1° La satisfaction et le remords de la conscience. — 2° Les

suites ordinaires de nos actes ; ainsi l'intempérance et la prodigalité ont pour conséquences la maladie, la misère, etc. — Avantages de la sobriété, de l'économie, etc. — 3° L'estime ou le mépris de nos semblables. — 4° Les lois pénales ; police correctionnelle ; cour d'assises.

4. Montrer que ces sanctions sont insuffisantes. 1° L'homme innocent peut être victime des lois physiques, des fléaux, des calamités qui frappent au hasard. L'épicurisme bien entendu peut se concilier avec le soin de la santé, la conservation de la fortune, la jouissance de tous les biens terrestres. — 2° Sans doute, rien n'échappe à la conscience : mais la conscience s'endurcit avec l'habitude du crime. Il s'en faut du reste que le remords soit toujours en rapport avec la faute commise ; sa vivacité peut dépendre d'un naturel plus ou moins délicat, de l'éducation, de l'influence du milieu. — 3° L'opinion publique se trompe souvent ; elle est mobile, passionnée, injuste, elle est dupe de l'hypocrisie ; elle ignore les dévouements obscurs qui aiment à se cacher. — 4° Les lois pénales ont pour objet de punir elle ne se chargent pas de récompenser. Elles condamnent quelquefois les innocents et laissent souvent échapper les coupables. Enfin, elles n'atteignent que les actes nuisibles à la société ; elles ne pénètrent pas dans le secret des pensées et des intentions.

5. Conclusion : nécessité d'une sanction supérieure, de la sanction religieuse, qui seule réalise dans une autre vie le règne de la justice absolue et rétablit l'équilibre entre la vertu et le bonheur.

## XXVI

*Le droit et le devoir ; rapports de ces deux notions.*

**Développement.** — Le devoir est l'obligation imposée à l'homme de respecter chez lui-même et chez les autres la dignité de la personne humaine.

C'est le devoir qui fonde le droit. C'est parce que j'ai le devoir de respecter en moi la personne humaine, que j'ai le droit de la faire respecter des autres. De même qu'il ne m'est pas permis de dégrader en moi la personne en m'abandonnant au vice, à la passion et au crime, il ne m'est pas permis non plus de la laisser dégrader par autrui. De même que je ne puis traiter en moi la personne comme une chose, ni l'aliéner, ni la vendre, ni la détruire, ni avilir d'une manière quelconque ma volonté libre et ma raison, je ne puis permettre aux autres de porter atteinte à ces éléments constitutifs de l'humanité que je porte en moi-même ; je dois défendre contre eux ma vie, ma liberté et aussi ma propriété, à laquelle ma personnalité imprime son caractère, son droit et son titre.

C'est parce que j'ai des devoirs, que j'ai des droits. Les autres ne peuvent attenter à ma liberté dont je ne puis faire moi-même un usage indigne. Ils sont obligés de respecter en moi, tout comme moi-même, le caractère saint et sacré de la personne morale.

Le droit a donc pour base, comme le devoir, la dignité de la personne ; il consiste dans l'inviolabilité de la personne humaine. Quand je considère la dignité humaine par rapport à moi, elle m'impose un devoir ; quand je la considère par rapport aux autres, elle me confère un droit.

Ainsi, la notion du devoir et celle du droit s'appuient l'une sur l'autre. Le devoir et le droit sont frères, dit Cousin. Ils naissent le même jour ; ils se développent et périssent ensemble.

Donc, ce qui constitue le droit, c'est l'obligation imposée à l'homme d'accomplir sa destinée morale, d'aller à sa fin. C'est pour cela que la personne est inviolable, non seulement dans le sanctuaire intime de sa conscience, mais dans toutes ses manifestations légitimes, dans ses actes, dans les produits de ses actes, même dans les instruments qu'elle fait siens en les employant à son usage.

Tous les hommes, par cela même qu'ils sont raisonnables et libres, et qu'ils doivent accomplir une destinée morale, sont égaux devant le droit. Pour tout le reste, ils diffèrent; ils sont inégaux sous le rapport de la force, de la santé, de l'intelligence, de la richesse; mais il n'y a pas de différence entre la dignité morale d'un homme et celle d'un autre homme. Je suis libre ou je ne le suis pas. Si je le suis, je le suis autant que vous, et vous l'êtes autant que moi. Il n'y a pas là de plus ou de moins. On est une personne morale *tout autant et au même titre* qu'une autre personne morale. C'est en cela que consiste la véritable égalité

Comme on le voit, la notion du devoir et celle du droit ont entre elles d'étroits rapports; tout droit dérive d'un devoir.

Mais il ne s'en suit pas que l'obligation de respecter le droit renferme toute la morale.

Nous avons souvent le devoir de faire aux autres ce qu'ils n'ont pas le droit d'exiger de nous. La charité nous ordonne de faire l'aumône, bien que le pauvre n'ait pas le droit de nous contraindre à le secourir. Nous sommes, dans certaines occasions, obligés de nous dévouer pour le salut de nos semblables, bien qu'on ne puisse, sans violer la justice, exiger notre dévouement. Nous avons le devoir de travailler au perfectionnement de nous mêmes, et de développer nos facultés intellectuelles et morales; personne cependant n'a le droit de pénétrer dans l'intimité de notre conscience, et de nous imposer par la force l'accomplissement de cette obligation. Il faut donc reconnaître qu'il y a des devoirs auxquels ne correspond aucun droit; et le droit n'existe que pour les devoirs de justice, mais non pour les devoirs de charité et pour les devoirs individuels. Notons enfin cette différence entre le devoir et le droit, que nous sommes tenus d'accomplir tout notre devoir, et même de faire plus que n'exige le devoir strict et rigoureux; au contraire, nous pouvons, nous devons même souvent, nous relâcher de nos droits. Ainsi, j'ai le droit d'exiger d'un débiteur le paiement de sa dette; mais, s'il est pauvre et sans ressources, je ne devrai pas user de mon droit, sous peine de manquer au devoir de charité. Le devoir est absolu; l'exercice du droit réclame souvent des ménagements et des concessions sans lesquels la vie sociale serait une guerre perpétuelle.

Ainsi, ce pouvoir moral que tout homme possède, par cela seul qu'il est homme, d'accomplir librement sa destinée, est ce qu'on appelle le droit naturel. Ce droit est imprescriptible, inaliénable; il n'est limité, dans chaque individu, que par le droit d'autrui et par les nécessités de la vie sociale.

Il est limité par le droit d'autrui. Je dois vous laisser faire ce qui vous plaît, à la condition que rien de ce que vous ferez ne portera atteinte à ma liberté. La vie, la liberté, la propriété de chaque homme, est chose sainte et sacrée, aussi longtemps qu'il respectera la vie, la liberté, la propriété des autres. Sinon tout ce qu'il enlève au droit d'autrui, il le prend justement de son propre droit. Celui qui, pour avoir violé le droit des autres, est déchu de son droit, n'est plus, dans la mesure de cette déchéance, qu'une force que la société peut comprimer dans l'intérêt de sa conservation.

J'ajoute que le droit de chaque individu est limité par les nécessités de la vie sociale. La société étant une condition hors de laquelle l'ordre moral est irréalisable pour l'homme, sa conservation est pour elle le premier des droits, et pour l'individu le premier des devoirs. Or, pour subsister, elle a besoin de certains services que l'individu est tenu de lui rendre et qu'elle peut exiger par la contrainte; c'est de cette manière qu'elle obtient, par exemple, la rentrée des impôts et le service militaire. Il n'y a pas là, de la part de la société, violation de la liberté individuelle ni de la propriété; c'est entre elle et l'individu un échange de services. La société ne restreint le droit de chacun que pour assurer le droit de tous et favoriser le développement des facultés naturelles de l'homme.

## XXVII

*Distinguer les devoirs de justice et les devoirs de charité.*

**Développement.** — La justice est le respect des droits naturels de l'homme. (Respect de la vie, de la liberté individuelle, de la propriété, de l'honneur, de la liberté de conscience.) Elle nous défend de nuire à nos semblables et de les empêcher d'aller à leurs fin. Sa formule est : « Ne faites pas à autrui ce « que vous ne voudriez pas que l'on vous fît . »

Mais ce n'est pas assez de ne point faire de mal à nos semblables; nous devons leur faire tout le bien possible et les aider à aller à leur fin. C'est ce que nous prescrit la charité, c'est-à-dire l'amour du genre humain. « Faites à autrui ce que vous « voudriez qu'on vous fît à vous-même. »

Les devoirs de justice et les devoirs de charité sont également obligatoires aux yeux de la morale; la conscience n'admet pas de devoirs facultatifs; nous sommes obligés par la loi morale d'aider et de secourir notre prochain tout autant que de ne pas lui nuire. Cependant, on dit souvent que les devoirs de justice sont stricts et rigoureux ; que les devoirs de charité sont des devoirs larges. Cette distinction est fondée; mais elle demande explication.

Les prescriptions de la justice sont absolues. La justice ne nous dit pas : fais le moins de mal possible; mais : abstiens-toi de faire le mal ! Voilà une formule claire, précise, inflexible. La charité nous dit : fais le plus de bien possible ; c'est-à-dire qu'elle nous laisse une certaine latitude, et qu'elle s'en remet à nous du soin de juger dans quelle mesure et de quelle manière nous devons accomplir le devoir qu'elle nous impose.

Il nous faut tenir compte, en effet, dans l'exercice de la charité, de nos ressources personnelles, de la qualité et des besoins de ceux à qui nos bienfaits s'adressent; il nous faut même prendre garde de leur nuire en voulant leur être utiles. On comprend qu'il n'y ait pour cela ni règle, ni limite; c'est à notre conscience d'apprécier. Voilà dans quel sens les devoirs de charité sont des devoirs larges.

Mais la principale différence qui distingue ces deux ordres de devoirs, c'est que nous pouvons recourir à la force pour faire respecter nos droits, tandis que nous ne pouvons imposer à personne un acte de charité. L'homme qui refuse une obole au pauvre est coupable devant la morale; mais personne ne peut lui arracher de force ce qu'il refuse de donner.

La loi punit le meurtrier; elle n'édicte pas de peine contre le lâche qui ne secourt pas son voisin attaqué par un malfaiteur. La charité, le dévouement, le sacrifice, ne peuvent être l'objet d'une prescription légale; exiger de l'homme par la contrainte la pratique de ces vertus, ce serait les dépouiller de leur caractère propre, c'est-à-dire de la liberté, qui en fait le mérite et le prix.

On dit encore que les devoirs de charité sont *négatifs*, en ce sens qu'ils commandent de s'abstenir du mal, tandis que les devoirs de charité sont positifs, c'est-à-dire qu'ils commandent de faire le bien. La charité est, en effet, essentiellement active; mais la justice peut être active aussi, quand elle rend ou fait rendre à chacun ce qui lui est dû. Cette destinction n'est donc pas absolue.

En résumé, la justice et la charité sont choses distinctes, mais les devoirs qu'elles imposent sont également obligatoires. De plus, la charité doit sans cesse intervenir pour adoucir les rigueurs et limiter quelquefois l'action de la justice. L'homme insensible aux souffrances de ses semblables ne serait pas véritablement juste, il ne mériterait pas le nom d'homme.

## XXVIII

*Expliquer cette parole:*

*« C'est quelquefois commettre une mauvaise action que de n'en pas accomplir une bonne. »*

## XXVIX

*Un auteur du siècle dernier, Saint-Lambert, a défini la justice : « Une disposition à nous conduire envers les autres « comme nous désirons qu'ils se conduisent envers nous. » Que pensez-vous de cette définition?*

**Plan.** — 1. D'abord, la justice n'est pas une simple disposition à faire ceci ou cela : c'est une obligation qui s'impose à l'être raisonnable et libre (définir la justice).

2. Nous devons respecter les autres, non parce que nous désirons que les autres nous respectent, mais parce qu'ils sont respectables en eux-mêmes (dire pourquoi).

3. Quand même, soit par un désintéressement sublime, soit par oubli de sa dignité, un homme en viendrait à ne plus éprouver le désir d'être respecté dans sa liberté, dans son honneur, dans ses biens, les autres n'en seraient pas moins tenus de respecter en lui ces droits naturels, ces attributs de l'humanité, qu'il porte en lui-même et dont il ne lui était pas permis de faire le sacrifice.

4. C'est à la justice qu'il appartient d'être la règle de nos désirs, et non à nos désirs d'être la règle de la justice. Un désir ne saurait être une loi (dire pour quelles raisons).

## XXX

*Que pensez-vous de la doctrine suivant laquelle la fin justifie les moyens?*

**Plan.** — 1. Non, *la fin ne justifie pas les moyens.* Il n'est pas permis de violer le droit d'un homme pour servir un autre homme, de dépouiller le riche pour secourir le pauvre, de sacrifier un innocent au salut public.

2. Il n'est pas permis d'attenter aux droits naturels d'un homme sous prétexte de le sauver lui-même ou de lui être utile. C'est là un détestable sophisme au nom duquel on a prétendu justifier l'esclavage, l'intolérance religieuse, les coups d'état ou, ce qui revient au même, les crimes politiques.

3. Le mal que l'on fait en vue d'un bien à venir est certain, le bien est douteux et problématique.

4. La conscience morale ne juge pas un acte sur ses conséquences; elle considère l'acte en lui-même, ou plutôt la volonté bonne ou mauvaise de celui qui l'accomplit.

## XXXI

*Peut-on réduire toute la morale à la maxime célèbre des stoïciens : « Supporte et abstiens-toi? »*

**Plan.** — 1. La doctrine stoïcienne est noble, austère, héroïque, elle a inspiré les plus mâles vertus; elle fortifie et soutient le courage; mais elle ne contient qu'une partie de la morale.

2. Elle enseigne la résignation; mais, en face d'un mal qui n'est pas sans remède, il ne faut pas se résigner, il faut lutter.

3. Ce n'est pas assez de développer en soi la force d'âme qui

fait supporter vaillamment les maux de la vie ; l'homme doit ouvrir son âme à toutes les nobles émotions, à tous les sentiments charitables et généreux.

4. Sans doute, la morale veut, avant tout, que l'on s'abstienne de faire le mal ; mais elle veut aussi que l'on fasse le bien. Etre vertueux, c'est agir, c'est mettre toutes ses forces au service de la vérité, de la justice, de l'humanité.

5. On peut donc reprocher, comme le dit M. J. Simon, à la morale stoïcienne « de n'être que la morale de l'orgueil......
« Le stoïcien ne voit ni Dieu, ni le monde, ni les hommes ; il
« ne voit que lui. Il traite la prière de superstition, et toutes les
« amours de faiblesse..... Sa vertu est solitaire et inutile ; il a
« beau se décerner à lui-même le titre de sage : il lui manque,
« pour le mériter, un Dieu et un cœur. »

## XXXII

*Qu'est-ce que la vertu? Qu'entendez-vous par les degrés de la vertu?*

**Plan.** — 1. La vertu est l'habitude de faire le bien. Nous disons : l'habitude, parce que, suivant une parole célèbre, une action vertueuse ne fait pas plus la vertu *qu'une hirondelle ne fait le printemps.* Il arrive assez souvent aux hommes les plus pervertis d'avoir ce qu'on appelle un bon mouvement. Mais, comme l'a dit Pascal, « ce que peut la vertu d'un homme ne « doit pas se mesurer par ses efforts, mais par son ordinaire. »

2. La vertu a ses degrés. S'abstenir du mal, voilà le premier degré de la vertu ; faire tout le bien possible, se rapprocher de plus en plus de l'idéal que la raison conçoit, voilà le second. Il y a donc des vertus ordinaires et communes, qui sont seulement dignes d'estime, et des vertus héroïques et sublimes qui excitent à bon droit l'admiration. (Exemples).

3. Le mérite de la vertu est en proportion de la difficulté de l'action. Plus l'action coûte d'efforts, plus les avantages que l'on sacrifie en vue du devoir sont précieux, et plus grand est le mérite. (Exemples).

4. Le mérite dépend aussi de l'importance plus ou moins grande du devoir. En effet, la loi morale a des applications diverses selon les circonstances où nous pouvons être placés. Le capitaine de vaisseau qui reste le dernier sur son navire en péril, le citoyen qui prend volontairement les armes pour défendre son pays, le médecin qui brave l'épidémie, ne font que leur devoir ; mais il y a dans ces actes, que l'on pourrait appeler de l'héroïsme obligatoire, plus de mérite que dans l'accomplissement des menues obligations de la vie ordinaire.

5. Enfin, le mérite de la vertu dépend souvent des personnes. Le pauvre a plus de mérite que le riche à rester honnête. Celui qui, pour devenir homme de bien, a dû réagir contre les influences du tempérament, de l'éducation, de l'exemple, a plus de mérite que celui que la nature et les circonstances semblaient prédisposer elles-mêmes à la pratique de la vertu.

## XXXIII

*Expliquer cette parole de Pascal :*

*« Ce que peut la vertu d'un homme ne doit pas se mesurer par ses efforts, « mais par son ordinaire. »*

**Plan.** — 1. L'homme le plus perverti peut avoir un mouvement de pitié, de générosité, d'héroïsme ; il n'est pas pour cela vertueux. On dira de lui qu'il a fait par hasard une belle action, comme on dira d'un autre : il fut brave tel jour.

2. Les efforts de la vertu, suivant le mot de Pascal, peuvent s'expliquer par bien des influences dont l'effet n'est point durable : un caprice d'humeur, un accès de dégoût pour le vice, une

exhortation persuasive, l'entraînement d'un bon exemple.

3. Le difficile est de persévérer dans le bien et de ne pas retomber sous le joug des mauvaises habitudes.

4. Conclusion.

## XXXIV

*Expliquer cette parole de Montaigne :*

*« Il nous échoit à nous-mêmes d'élancer parfois notre âme, éveillée par les « discours ou exemples d'autrui, bien loin au delà de son ordinaire. Mais « c'est une espèce de passion qui la pousse et agite et qui ne la ravit « aucunement hors de soi. Il faut, pour bien juger à point d'un homme, « principalement contrôler ses actions communes et le surprendre à tous ses « jours. »*

## XXXV

*Expliquer cette pensée :*

*« Il n'y a que les mauvaises habitudes qui diminuent la liberté, mais l'habitude du bien, c'est la liberté même. »*

**Plan.** — 1. L'homme est esclave dans le désir et dans la passion, il n'est libre que dans l'exercice de la volonté. Le devoir d'obéir à la raison est la loi propre de la volonté, et la volonté n'est jamais plus elle-même, que quand elle se soumet à sa loi, quand elle est appliquée à son légitime usage.

2. Nous ne nous possédons pas nous-mêmes, nous ne nous appartenons pas, tant que nous ne sommes pas affranchis du joug des mauvaises habitudes. Peinture de l'homme asservi à une passion dominante : il veut se reprendre lui-même, et il ne le peut pas. Il ne jouit plus de l'objet de sa passion, et il n'a pas la force de secouer le joug qui lui pèse. Son âme est en proie à un perpétuel malaise, parce qu'elle flotte sans cesse entre de bonnes résolutions et d'inévitables défaillances.

3. A mesure que les mauvaises habitudes se développent, l'homme n'agit plus : suivant l'expression énergique d'un philosophe, *il est agi*. Bientôt même, la raison et la volonté se font les complices de la passion, et mettent toute leur énergie à son service. C'est la complète abdication de la liberté.

4. Peinture de l'homme qui s'est fait de la pratique du bien une habitude. Dans le commencement, il a eu de pénibles luttes à soutenir, mais il a triomphé ; il fait le bien naturellement, simplement, presque sans effort ; il tient en bride ses désirs et ses passions, il est maître de lui-même, il est en pleine possession de sa liberté ; son âme est calme, sa vertu tranquille, sereine et souriante.

## XXXVI

*Expliquer cette pensée d'un philosophe ancien* (Platon) :

« *La vertu est la santé de l'âme, le vice en est la maladie.* »

## XXXVII

*Expliquer cette parole d'un philosophe ancien* (Aristote) :

« *L'homme vertueux est celui qui se plaît à faire des actes de vertu.* »

**Plan.** — 1. Sans doute, la vertu consiste dans l'obéissance à la loi morale ; mais cette obéissance doit être acceptée volontairement, avec bonheur, avec amour ; faire le bien malgré soi, ce n'est pas sentir le prix de la vertu.

2. La froide raison ne suffirait pas à nous préserver des chutes, si elle n'avait pour auxiliaire le sentiment, l'amour du bien qui échauffe l'âme.

3. Que serait la charité sans l'amour des hommes ? Le mobile des grands dévouements n'est-il pas la passion du bien ?

4. Conclusion : sans doute l'amour du bien ne se commande pas, mais nous en possédons les germes en nous-mêmes; il s'agit de les développer par une culture bien entendue de la sensibilité.

## XXXVIII

*Expliquer cette parole : « il faut vouloir de bon cœur tout ce « qu'il faut vouloir : tout le mystère de la vie est là. »*

## XXXIX

*Quelques philosophes ont défini la vertu : la science du bien. Cette définition vous semble-t-elle complète?*

**Plan.** — 1. Sans doute, pour accomplir le bien, il faut le connaître, et le vice vient souvent de l'ignorance; mais il ne s'en suit pas que l'on puisse confondre la science du bien avec la vertu.

2. Il ne suffit pas, pour être vertueux, de connaître le bien : il faut le vouloir; il faut le prendre pour règle de conduite.

3. Ce n'est pas assez de le vouloir, il faut le pratiquer. Que de fois il nous arrive, suivant le mot d'un auteur ancien, *de voir et d'approuver le bien et de faire le mal!* C'est que, faute d'énergie, nous ne savons pas résister au désir, à la passion, à l'intérêt.

4. Le mot *vertu* (*virtus*) veut dire force, courage; il est donc nécessaire, pour être vertueux, de fortifier la volonté. La vertu n'est pas seulement une science, c'est aussi un art.

## XL

*Que pensez-vous de cette maxime de la Rochefoucauld :*

*« Toutes nos vertus se perdent dans l'intérêt, comme les fleuves dans la mer. »*

## XLI

*Que pensez-vous de cette maxime de La Rochefoucauld :*

*« Nos vertus ne sont le plus souvent que des vices déguisés. »*

## XLII

*Expliquer cette parole de La Rochefoucauld :*

*« L'hypocrisie est un hommage que le vice rend à la vertu. »*

**Plan.** — 1. Définir l'hypocrisie. (Genre de mensonge qui consiste à dissimuler les défauts qu'on se connaît et à feindre les qualités qu'on n'a pas.)

2. Pourquoi l'hypocrite s'efforce-t-il de tromper le monde? C'est que, s'il étalait ses vices au grand jour, il exciterait une réprobation universelle. Il sait que tous les hommes, quelle que soit d'ailleurs leur conduite, ont la notion et l'amour du bien, qu'ils sont d'accord pour louer la vertu, même quand ils la persécutent, et pour flétrir le vice; qu'on ne saurait impunément braver la conscience du genre humain en affichant des maximes contraires.

3. Donc l'hypocrite, en feignant la vertu, reconnaît par cela même combien elle est précieuse et digne d'estime. Même sans la pratiquer, il lui rend hommage en respectant les sentiments qu'elle excite chez tous les hommes.

## XLIII

*Du sentiment religieux et de son rôle dans la morale.*

**Développement.** — Le sentiment religieux ne saurait être la base de la morale, mais il en est le couronnement.

Il ne peut en être la base; en effet, les inspirations du sentiment religieux sont variables et individuelles; il est même des croyances religieuses grossières et barbares, qui révoltent la raison et la conscience. « Tant la religion a pu conseiller de « crimes! » dit un poète latin, en rappelant le souvenir du sacrifice d'Iphigénie, immolée par son père pour obéir aux oracles. On voit ce que deviendrait la morale, si on la subordonnait aux caprices de la superstition. Le devoir n'a pas à s'inquiéter de la diversité des croyances religieuses; il est parce qu'il est; il oblige également tous les hommes, et ceux-là mêmes qui entendent s'affranchir de toute religion positive.

Les questions de métaphysique et de théologie sont matière à d'interminables discussions. Les graves problèmes qu'elles soulèvent ont pu recevoir les solutions les plus contradictoires. Il n'est pas besoin de tant de raisonnements pour distinguer le bien du mal; c'est une notion qui s'impose d'elle-même au pâtre le plus ignorant comme au plus profond philosophe.

Sans doute, la loi morale dérive de Dieu, en ce sens que Dieu, être parfait, ne peut vouloir que le bien. Mais, pour connaître la volonté divine, il faut d'abord avoir la notion du bien; autrement, on ferait dépendre la loi morale de la volonté arbitraire de Dieu, ce qui supprimerait un des caractères essentiels de l'idée du bien, la nécessité; on méconnaîtrait la justice et la sagesse divines, et on se représenterait Dieu comme une sorte de tyran qui pourrait à son gré changer le mal en bien et le bien en mal.

Donc, c'est la morale qui juge les religions, et non les religions qui fondent la morale.

Mais le sentiment religieux, avons-nous dit, est le couronnement de la morale. En effet, les principes de la morale, comme tous les principes absolus et nécessaires, comme toutes les aspirations de l'âme humaine vers l'infini, vers l'idéal, vers la perfection, se résument dans l'idée de Dieu et dans le sentiment de la divine Providence.

La morale et la religion naturelle, c'est-à-dire la religion sur laquelle sont d'accord tous les hommes, s'unissent par leurs sommets. La religion naturelle est, comme on l'a dit : « Le cri « de la terre vers le ciel ». Il n'y a pas de peuple athée ; la grossièreté même des superstitions démontre que le sentiment religieux est inné chez les hommes et que tous éprouvent le besoin impérieux d'un culte.

Mais, comment l'homme s'élève-t-il à la notion de l'être infini et parfait, et quel est le rôle du sentiment religieux dans la morale?

L'univers, dans son ensemble et dans ses détails, offre partout aux yeux de l'homme les traces d'un dessein suivi et sagement exécuté. Pénétré d'admiration à la vue de ce bel ordre, il le rapporte à une cause souverainement intelligente et libre qui est Dieu. Comme l'a dit Voltaire :

> « L'univers m'embarrasse, et je ne puis songer
> Que cette horloge existe et n'ait pas d'horloger. »

Cette idée de l'être infini, souverainement intelligent et libre, il la découvre en lui-même, dans son intelligence. « Comment « croire, dit Montesquieu, qu'une cause inintelligente ait pu « donner naissance à des êtres intelligents? » Il la découvre également dans les idées de la raison. « Mes idées, dit Fénélon, « sont universelles, nécessaires, éternelles et immuables ; or, « ces vérités qui sont en moi sans moi, qui seraient toujours « véritables quand moi-même je serais détruit, et quand il « n'y aurait aucun entendement humain pour les comprendre, « subsistent éternelles et immuables dans un être qui doit « être la vérité même et de qui dérive toute vérité. »

Mais c'est surtout comme principe souverain de justice et de bonté, comme législateur et comme juge, comme consolateur ici-bas et comme réparateur au delà de cette vie, que Dieu se manifeste à la conscience de l'homme. La voix de la conscience est la voix même de Dieu parlant à nos cœurs. Sans doute, Dieu ne nous a pas imposé la loi morale par sa seule volonté; mais il nous a révélé, en nous donnant la raison et la liberté, les lois éternelles de la justice qui résident dans sa propre intelligence.

L'idée d'un être infiniment juste, infiniment bon, témoin à qui rien n'échappe, juge infaillible de nos actions et de nos pensées, nous soutient dans l'accomplissement du devoir. Combien d'hommes sont encouragés et retenus dans le bien par cette pensée qu'ils vivent sous l'œil de Dieu! Combien d'autres feraient taire leurs scrupules, s'ils étaient convaincus que le seul théâtre de leur vie morale est un univers sourd et aveugle!

Sans doute, la vertu doit être désintéressée; mais l'homme aspire invinciblement à l'union de la vertu et du bonheur. Or, en ce monde, il y a des maux, des désordres, des inégalités et des injustices inévitables; l'homme, pour s'y résigner, a besoin de compter sur la justice, la puissance et la bonté d'un être infini et parfait.

## XLIV

### *De la destinée de l'homme.*

**Plan.** — 1. L'homme, comme tous les êtres, a une fin, une destinée, qui est en rapport avec sa nature. (Différence entre la vie animale et la vie intellectuelle et morale.)

2. La destinée actuelle de l'homme, c'est le développement des facultés qui lui appartiennent en propre : raison, liberté, amour de l'humanité, recherche du vrai, pratique du bien, sentiment du beau. Il tend de toutes ses forces à l'infini, à l'idéal, à la perfection.

3. Mais cette tendance de tous les désirs et de toutes les puissances de l'âme vers la perfection n'est point satisfaite dans la

vie actuelle. Rien ici-bas ne satisfait l'homme : la vérité lui échappe, ses affections sont trompées, sa volonté chancelle ; il voit triompher l'injustice ; il voit la vérité persécutée. A toutes choses se mêle une secrète amertume qui lui montre l'insuffisance et le vide des jouissances terrestres.

4. La mort vient interrompre cette destinée avant son terme et la surprend inachevée. L'homme était en marche vers l'infini, et l'infini lui échappe. Mais quoi ! Tous les êtres atteignent leur fin, l'homme seul n'atteindrait pas la sienne ! « La plus grande des créatures, dit Cousin, serait la plus « maltraitée ! » L'homme « serait un monstre dans l'ordre « éternel ! » s'il en était ainsi.

5. L'homme peut donc espérer que sa destinée s'achèvera dans une autre vie où toutes ses facultés trouveront leur emploi, où ses aspirations les plus hautes seront satisfaites, où il atteindra la fin que tous ses instincts proclament.

## XLV

*Expliquer cette parole :*

« *Rien ne suffit à l'homme dans cette vie ; c'est là sa grandeur et sa misère.* »

## XLVI

*Expliquer cette parole de Kant :*

« *Deux choses remplissent l'âme d'une admiration et d'un respect toujours*
« *renaissants : au-dessus de nous le ciel étoilé, et au-dedans de nous la loi*
« *morale.* »

**Plan.** — 1. Magnifique spectacle que présente aux yeux un ciel étoilé. A cette vue, l'esprit de l'homme s'élève à la conception de l'ordre éternel qui règne dans l'univers, à l'idée de l'Être dont les cieux proclament la gloire. Le sentiment de l'infini pénètre son âme.

2. Il comprend alors sa petitesse; mais il comprend aussi sa grandeur. « Il n'est qu'un roseau, le plus faible de tous, mais « c'est un roseau pensant. » (Pascal.) Il sait l'avantage qu'il a sur l'univers; il connaît sa fin, il y marche librement; il est doué de la conscience morale !

3. L'Être parfait se révèle à la fois dans le ciel étoilé et dans l'homme; le ciel étoilé est son œuvre, l'homme est son image.

## XLVII

*Développer cette pensée de Mme de Staël :*

« *La destination de l'homme sur cette terre n'est pas le bonheur, mais le « perfectionnement.* »

## XLVIII

*Développer cette pensée de J.-J. Rousseau :*

« *Vivre, ce n'est pas respirer, mais agir; c'est faire usage de nos organes, « de nos sens, de nos facultés, de toutes les parties de nous-mêmes qui nous « donnent le sentiment de notre existence.* »

## XLIX

*Expliquer cette pensée de Mme de Rémusat :*

« *Penser, combattre et vaincre, voilà la véritable vie.* »

## L

*Expliquer cette pensée :*

« *En aucune chose peut-être il n'est donné à l'homme d'arriver au but; sa « gloire est d'y marcher.* » (Guizot.)

## LI

*Expliquer cette parole de Victor Hugo :*

« *Le plus lourd fardeau, c'est d'exister sans vivre.* »

## LII

*Discuter la maxime de l'optimisme :*

« *Tout est bien, ou, tout est pour le mieux, dans le meilleur des mondes* « *possibles.* »

## LIII

*Expliquer cette parole d'un moraliste contemporain.* (Bersot.)

« *L'homme souffre parce qu'il est animal ; mais comme il est autre* « *chose, il souffre d'une façon qui n'est qu'à lui.* »

**Plan.** — 1. Tous les animaux sont capables de jouir et de souffrir; tous ont des besoins, des tendances, des affections. (Exemple : le chien). Mais la sensibilité de l'animal est inférieure à la nôtre, parce que son intelligence est inférieure.

2. L'homme souffre, parce que les racines de son être plongent dans la nature animale; mais il souffre autrement que les animaux. D'abord, il souffre plus vivement, parce qu'il réfléchit; il souffre dans le passé, dans le présent, dans l'avenir; il s'exagère ses maux par l'imagination : triste privilège, si l'on veut, mais c'est un privilège qui atteste la noblesse de sa nature!

3. En revanche, il peut se consoler par l'espérance; il peut, par la pensée, mettre en regard de ses maux les biens qui les atténuent; il peut enfin, averti par la douleur physique ou par la douleur morale, régler sa vie avec prudence et sagesse.

4. Il puise dans la douleur l'énergie nécessaire pour lutter contre le monde physique, contre les hommes, contre lui-même. Il goûte même un âpre plaisir dans cette lutte où se déploient toutes les puissances de son être.

5. Il fait ainsi tourner ses souffrances à son perfectionnement

moral. Il comprend que la souffrance est la condition du mérite et de la vertu ; il l'accepte comme une épreuve dont il doit sortir à son honneur.

## LIV

*Développer cette pensée de Malebranche :*

« *Il faut voir les choses comme elles sont : le plaisir est toujours un bien,*
« *la douleur, toujours un mal ; mais il n'est pas toujours avantageux de*
« *jouir de l'un, et il l'est souvent de souffrir l'autre.* »

## LV

*Développer cette pensée :*

« *La vie n'est ni un fardeau, ni un plaisir, c'est une grave et sérieuse affaire*
« *dont nous devons sortir à notre honneur.* »

## LVI

*Un philosophe moderne a dit :*

« *La vie humaine est une sorte d'histoire naturelle de la douleur qui se*
« *résume ainsi : vouloir sans motif, toujours souffrir, toujours lutter, puis*
« *mourir, et ainsi de suite dans les siècles des siècles, jusqu'à ce que notre*
« *planète s'écaille en petits morceaux.* » (Schopenhauer.)

*Que doit-on lui répondre ?*

**Développement.** — 1. La doctrine de Schopenhauer est ce qu'on appelle le *pessimisme,* doctrine bien ancienne, mais qui a été renouvelée de nos jours par les philosophes allemands. Les pessimistes prétendent que tout est mal en ce monde et que le mieux est de mourir au plus tôt.

2. Erreur de cette doctrine : la vie humaine n'est pas, comme le dit Schopenhauer, *une histoire naturelle de la douleur;* car, si la vie a ses peines, elle a aussi ses joies.

3. Schopenhauer dit *que l'homme veut sans motif;* c'est le contraire qui est vrai, ainsi que nous le montre l'observation psychologique.

4. *Toujours souffrir.....* Si cette parole était vraie, il arriverait de deux choses l'une : ou la vie serait impossible, ou l'homme s'habituerait à la souffrance et ne la sentirait plus. Mais la souffrance et le plaisir se mêlent sans cesse dans notre existence; et d'ailleurs la souffrance a son rôle dans la vie morale.

5. *Puis mourir.....* Est-il donc bien prouvé que tout finisse avec la mort?

6. *Et ainsi de suite dans les siècles des siècles jusqu'à ce que notre planète s'écaille en petits morceaux.....* Que notre planète s'anéantisse un jour d'une façon ou de l'autre, peu nous importe; la destinée morale de l'homme est indépendante des conditions physiques qui régissent l'univers.

Comme dit Lamartine :

« Et certain du retour de l'éternelle aurore,
« Sur les mondes détruits je t'attendrais encore ! »
(5e *Méditation.* — On pourrait citer tout le passage )

# MORALE PRATIQUE

## DEVOIRS INDIVIDUELS

---

### I

*L'homme a-t-il des devoirs envers lui-même?*

**Plan.** — 1. Oui, l'homme a des devoirs envers lui-même. Sans doute, l'homme est libre et s'appartient; mais il ne s'en suit pas qu'il ait sur lui-même tout pouvoir. Il est tenu de respecter en lui la dignité humaine. Ce n'est pas envers lui-même comme individu, c'est envers la personne morale, qu'il est obligé. Fût-il dans une île déserte, le devoir l'y suivrait.

2. Mais l'homme est fait pour vivre en société; or, rien n'est plus faux que la maxime : « Je ne fais tort qu'à moi-même. » Celui qui avilit ou dégrade ses facultés, se rend incapable de bien remplir ses devoirs envers les autres hommes; il fait donc tort à la société en ne lui rendant pas les services qu'il lui doit.

3. En outre, il donne un mauvais exemple; par ses vices ou par ses faiblesses, il corrompt les autres, il crée des précédents et des excuses.

4. Conclusion.

## II

*Donner une idée générale des devoirs de l'homme envers lui-même.*

**Plan.** — 1. Les devoirs de l'homme envers lui-même sont déterminés d'une manière générale par sa nature et par sa fin. L'homme est à la fois corps et âme; donc, on peut distinguer, parmi les devoirs individuels, ceux qui regardent le corps et ceux qui regardent l'âme. L'homme est un être moral: donc tous les devoirs individuels sont compris dans ces mots: le perfectionnement de soi-même.

2. Devoirs concernant le corps: devoir de conservation personnelle, immoralité du suicide; nécessité de maintenir en bon état, par l'hygiène, par les exercices physiques, le corps, qui est l'instrument de l'âme. Il faut se garder toutefois de le flatter et de s'en faire l'esclave: « C'est manquer à l'âme, dit Cousin, « que d'affaiblir son serviteur; c'est lui manquer bien plus « encore que de l'y asservir elle-même. »

3. Devoirs envers l'âme: ils se déduisent des fonctions morales de nos trois facultés essentielles: sensibilité, intelligence, volonté.

4. Devoir de cultiver et de régler la sensibilité (Tempérance).

5. Devoir de développer l'intelligence (Sagesse).

6. Devoir de fortifier la volonté (Courage).

Conclusion: devoir de subordonner le corps à l'âme, les instincts aux facultés, la passion à la raison.

## III

*De la connaissance de soi-même comme moyen de perfectionnement moral.*

**Plan.**— 1. Rappeler la célèbre maxime inscrite sur le temple d'Apollon à Delphes : « Connais-toi toi-même ». Se connaître soi-même, c'est se connaître à la fois comme homme en général et comme individu en particulier.

2. C'est se connaître comme homme ; c'est-à-dire, avoir conscience de la nature et de la destinée humaines. (Rapports de la psychologie et de la morale.)

3. C'est se connaître comme individu : chacun de nous a reçu de la nature des dispositions particulières, que les circonstances viennent ensuite modifier, et qui forment le caractère. Nécessité de connaître ces éléments particuliers pour les gouverner, pour développer les bons instincts, réprimer les autres, et réagir contre les influences extérieures (hérédité, tempérament, éducation, habitudes, exemples).

4. Il importe surtout de se rendre un compte exact de ses défauts pour les corriger. Peut-on guérir une maladie sans la connaître ? Or, les vices sont les maladies de l'âme ; nécessité de l'hygiène morale.

5. Utilité de l'*examen de conscience.* « Nous devons tous les « jours, dit Sénèque, appeler notre âme à rendre ses comptes... « ne nous rien dissimuler, ne nous rien passer... envisager nos « fautes, en prenant garde de recommencer... »

## IV

*Expliquer cette pensée :*

*« La plupart de nos fautes, et par conséquent de nos malheurs, viennent « de ce que nous apprenons trop tard à nous connaître nous-mêmes. »*

## V

*Expliquer cette pensée de Nicole :*

« *L'ignorance de soi-même est la source de tous les vices, la connaissance*
« *de soi-même est le fondement de toutes les vertus.* »

## VI

*Stuart-Mill parle d'une éducation de l'individu par lui-même ; que faut-il entendre par là ?*

## VII

*De la sincérité envers soi-même ; expliquer cette parole de la Rochefoucauld :*

« *L'amour-propre est le plus grand de tous les flatteurs.* »

## VIII

*Expliquer et discuter cette maxime :*

« *Ne pouvant changer les autres, change-toi toi-même.* »

**Plan.** — 1. Il y a quelque exagération à prétendre que nous ne pouvons changer les autres. En effet, nous pouvons, par nos conseils et par nos exemples, ramener au bien ceux qui nous entourent. Au sein de la société, c'est un devoir pour nous de défendre, par la parole et par l'action, la cause de la vérité et de la justice. Gardons-nous donc de la résignation épicurienne de Philinte,

Qui prend tout doucement les hommes comme ils sont,
*Accoutumant son âme* à souffrir ce qu'ils font.

2. Mais notre influence, en général, est bien limitée, et il nous

est difficile de corriger le monde. En dépit de nous, les choses suivent leurs cours et les mœurs sont les plus fortes. Efforçons-nous donc de nous changer nous-mêmes, sans toutefois nous faire complices des vices ou des sottises de notre temps.

3. Nous changer nous-mêmes : comment ?

Quand nous sommes victimes de l'injustice ou de la sottise, nous entrons volontiers, comme Alceste,

*... en une humeur noire, en un chagrin profond.*

Tâchons de changer cela ; ne nous laissons ni emporter, ni abattre ; ne cédons ni à la colère qui nous aveugle, ni au découragement qui nous énerve, et supportons avec une constante égalité d'âme ce que nous ne pouvons empêcher.

## IX

### *Quelles sont les raisons pour lesquelles on doit condamner le suicide?*

**Plan.** — Le suicide est un crime contre nous-mêmes ; nous trahissons la mission qui nous est imposée : l'homme n'est pas en ce monde pour être heureux, mais pour mériter.

2. Le suicide est un crime contre nos semblables ; c'est un vol fait au genre humain, comme l'a dit J.-J. Rousseau ; nous privons la société des services que nous devons lui rendre.

Aucun homme n'est inutile à l'homme ; le plus misérable, le plus déshérité, peut toujours faire quelque bien, donner un bon exemple, soulager quelque misère plus grande que la sienne.

3. Caractère contagieux du suicide.

4. Rien ne justifie le suicide, ni le dégoût de la vie, ni les souffrances physiques ou morales.

## X

*Expliquer cette parole de La Rochefoucauld :*

*« La bonne grâce est au corps ce que le bon sens est à l'esprit.*

## XI

*Qu'est-ce que le respect de soi-même? Quelles sont les différentes formes que prend le respect de soi-même ?*

**Plan.** — 1. Le respect de soi-même consiste d'abord à s'abstenir de tout acte qui avilisse ou dégrade la dignité humaine (vices, passions, bassesses, lâches complaisances.)

2. Le respect de soi-même prend autant de formes qu'il y a de facultés de l'âme. On ne se respecte pas soi-même, quand on cède aux mouvements aveugles de la sensibilité, quand on néglige de s'instruire, quand on manque de courage dans le combat de la vie.

3. Enfin, se respecter soi-même, c'est se rappeler sans cesse que la fin de l'homme est le perfectionnement moral.

## XII

*Comment doit-on régler et cultiver la sensibilité ?*

1. Le devoir de régler la sensibilité s'appelle le devoir de *tempérance.* Dans le sens large, le mot tempérance signifie modération, équilibre des penchants, sage gouvernement de soi-même ; dans le sens restreint, tempérance veut dire juste usage des biens extérieurs et des plaisirs. (Suites funestes de l'intempérance.)

2. Devoir de cultiver la sensibilité. Rôle du sentiment dans la

vie morale. Si on ne peut se donner de la sensibilité, on peut développer celle qu'on a, en saisissant toutes les occasions de se livrer aux émotions nobles et généreuses.

3. Devoir de subordonner le sentiment à la justice.

4. Distinguer la sensibilité de la sensiblerie, c'est-à-dire de cette sentimentalité fade et maladive qui amollit le courage et égare le jugement.

## XIII

*Doit-on s'efforcer, comme le voulaient les Stoïciens, d'étouffer toutes les passions ? Quel usage peut-on faire des passions et comment faut-il les diriger ?*

**Plan.** — 1. Vouloir étouffer les passions, c'est mutiler la nature humaine. En effet, l'homme est naturellement capable d'amour, d'affection, d'enthousiasme.

2. La passion est le ressort le plus puissant de l'activité humaine. Rôle du sentiment dans la morale.

3. Il y a des passions nobles et généreuses : les affections légitimes, l'amour du vrai, du beau, du bien.

4. Mais les passions peuvent être la source des plus grands désordres moraux ; donc, il est nécessaire de les contenir et de les régler.

## XIV

*Montrer l'influence de la culture littéraire et scientifique sur le développement moral de l'individu.*

**Plan.** — « Toute notre dignité, dit Pascal, consiste dans la « pensée ; travaillons donc à bien penser ; c'est le principe de la « morale. »

2. L'intelligence est faite pour connaître la vérité; la science satisfait donc l'un de nos plus nobles instincts; elle accroît l'excellence de notre nature; elle nous élève au-dessus des autres êtres et nous rapproche de la perfection. L'ignorance est le suicide de l'intelligence.

3. Le goût des plaisirs intellectuels nous détourne de tout ce qui est bas et grossier. L'ignorance livre l'homme sans défense aux entraînements des sens et de la passion.

4. Les études littéraires et scientifiques concourent également à notre perfectionnement moral. La littérature nous montre le vrai, le bien, le beau, revêtus des plus nobles images. « Un chef-d'œuvre littéraire, comme l'a dit La Bruyère, élève « l'esprit et nous inspire des sentiments noble et courageux. » La science dissipe les préjugés qui abaissent les peuples ; elle nous révèle l'admirable organisation de l'univers, et nous fait aimer l'ordre sous toutes ses formes, aussi bien dans notre conduite que dans les choses.

## XV

*Développer cette pensée du philosophe Descartes:*

« *La lecture de tous les bons livres est comme une conversation avec les plus « honnêtes gens des siècles passés qui en ont été les auteurs, et même une con- « versation étudiée en laquelle ils ne nous découvrent que les meilleures de « leurs pensées.* »

## XVI

*Développer, à propos de la manière de lire, cette pensée de Malebranche :*

« *Il y a deux différentes manières de lire les auteurs : l'une très bonne et « très utile, et l'autre inutile et même dangereuse. Il est très utile de lire « quand on médite ce qu'on lit...* »

## XVII

*De la curiosité ; dire en quoi elle peut être bonne ou mauvaise.*

**Plan.** — 1. La curiosité est instinctive chez l'homme (exemple : l'enfant).

2. La curiosité est bonne et légitime, quand elle a pour objet la science, la connaissance de la vérité.

3. Elle est mauvaise et nuisible, quand elle porte sur des choses futiles, insignifiantes, qui n'intéressent en rien notre développement intellectuel. C'est gaspiller les forces de notre intelligence que de les user sur de menus détails.

4. La curiosité est même dangereuse, quand elle nous porte à nous mêler de ce qui ne nous regarde pas et à vouloir pénétrer les secrets des autres ; c'est alors de l'indiscrétion.

5. Nécessité de régler la curiosité.

## XVIII

*Expliquer cette parole :*

*« La modestie est une grande lumière ; elle laisse l'esprit toujours ouvert « et le cœur docile à la vérité. »* (*Guizot.*)

**Plan.** — 1. Définir la modestie : c'est le juste sentiment de notre valeur, sentiment qui nous empêche de nous exagérer nos mérites.

2. L'homme modeste a *l'esprit toujours ouvert* à la vérité. Pourquoi ? Parce que, ne se faisant pas illusion sur le peu qu'il sait, il ne se dissimule pas qu'il lui reste beaucoup à apprendre, et il saisit avec empressement toutes les occasions de s'instruire.

3. Une des plus grandes causes d'erreur, c'est la passion, l'amour-propre, la haute idée que l'on se fait de son jugement. Il est des gens qui accepteraient la vérité s'ils n'étaient pas obligés, en l'acceptant, d'avouer qu'ils ont eu tort. Ils ne veulent rien écouter, et ils aiment mieux garder leur erreur que de se rendre au sentiment des autres ou à l'autorité de la raison. La modestie préserve de ces illusions de l'orgueil et laisse toujours *le cœur docile* à la vérité.

## XIX

### *Des principales causes de nos erreurs et des moyens d'y remédier.*

**Plan.** — 1. L'erreur est un faux jugement que l'esprit tient pour vrai. L'erreur a sa cause générale dans l'imperfection de l'esprit humain, mais elle a aussi ses causes particulières :

2. La passion, l'intérêt, l'esprit de parti.

3. Les jugements précipités : comparaisons superficielles, inductions téméraires, fausses associations d'idées, absence de méthode.

4. Ces jugements précipités viennent le plus souvent d'un défaut d'attention.

5. L'erreur a aussi pour cause certaines conditions de tempérament, d'habitude, d'éducation ; ou bien encore certains préjugés provenant du temps et de la société où nous vivons.

6. Remèdes : étude exacte de nos facultés pour en faire le meilleur usage possible ; connaissance de nous-mêmes, de nos passions, de nos faiblesses, effort de l'attention et de la réflexion ; impartialité, sang-froid ; emploi régulier des méthodes.

7. Nécessité de cultiver et de mûrir notre jugement, et de nous exercer à discerner par nous-mêmes le vrai du faux.

## XX

*De l'influence des beaux-arts sur le perfectionnement moral.*

## XXI

*Influence de l'imagination sur la conduite de la vie.*

**Plan.** — 1. L'imagination est un ressort puissant d'action ; elle stimule notre activité en nous faisant voir de plus près, en nous grossissant l'objet de nos craintes et de nos espérances.

2. Elle montre à nos yeux un idéal de vertu, qui devient le noble but de notre activité.

3. En revanche, elle peut nous pervertir, si l'idéal qu'elle fait briller devant nous est faux et décevant ; danger des esprits romanesques.

4. Elle peut être une source de fatigue et de dégoût, lorsque l'homme, épris d'un bonheur chimérique, en vient à dédaigner les réalités de la vie ; elle peut même conduire à la folie celui qui se laisse dominer par la puissance d'une idée fixe.

5. Conclusion.

## XXII

*Influence de l'imagination sur le caractère et sur les idées.*

(L'imagination nous exagère le bien et le mal, et, par suite, égaie ou assombrit le caractère et les idées.)

## XXIII

*Influence de l'imagination sur le bonheur et sur le malheur de la vie.*

## XXIV

*Expliquer et discuter cette parole d'un poète contemporain :*

« *Un souvenir heureux est peut-être sur terre*
*Plus vrai que le bonheur.* »

(Alf. de Musset.)

## XXV

*Expliquer cette parole de Mme de Genlis :*

« *Plus on a d'imagination, plus il est utile d'avoir de l'instruction et de la mémoire.* »

## XXVI

*Montrer que l'ignorance de l'avenir est un bienfait pour l'homme.*

**Plan.** — 1. Tous les hommes sont avides de connaître l'avenir; ils ne vivent pas dans le présent : ils attendent et semblent vouloir hâter les événements futurs. (Exemples).

2. La connaissance de l'avenir serait un malheur pour l'homme. La perspective des maux à venir lui ôterait l'espoir et le courage; la certitude du bonheur lui gâterait les joies de l'attente.

3. La nature a été sage en nous épargnant un si funeste présent.

## XXVII

*Expliquer cette parole de la Rochefoucauld :*

« *On n'est jamais si malheureux qu'on croit, ni si heureux qu'on espère.* »

## XXVIII

*De la rêverie ; de ses charmes et de ses dangers.*

**Plan.** — 1. La rêverie nous repose des longues méditations ; elle détend les ressorts de l'esprit fatigué.

2. Elle est dangereuse, parce qu'elle affaiblit en nous la puissance de réfléchir, en nous livrant aux associations d'idées capricieuses.

3. Elle est encore dangereuse, parce qu'elle fait vivre notre imagination dans le monde des chimères et nous détourne de l'action.

## XXIX

*Qu'est-ce que le courage ? Des divers genres de courage.*

**Plan.** — 1. Le courage, c'est la force d'âme, c'est la vertu de la volonté.

2. Il y a diverses sortes de courage ; d'abord le courage militaire, que l'on doit distinguer de l'emportement brutal et de la témérité ; ensuite le courage civil, celui qui nous fait braver, pour défendre une cause juste, la persécution, l'impopularité, le ridicule. Le courage civil est de toutes les conditions ; il se montre dans toutes les circonstances où l'homme affronte un danger pour accomplir un devoir.

3. Le courage se manifeste encore sous d'autres formes : patience, fermeté dans le malheur, persévérance dans les principes, constance dans les résolutions. (Distinguer la fermeté et l'entêtement).

4. Enfin, l'homme exerce son courage contre lui-même en luttant contre ses passions. La plus belle victoire est celle que l'on remporte sur soi-même.

## XXX

*Définir ces mots : indépendance de caractère, fierté, orgueil, vanité.*

**Plan.** — 1. L'indépendance de caractère consiste dans la résolution ferme et bien arrêtée de n'obéir qu'aux principes de la raison et aux prescriptions de la conscience. L'homme d'un caractère indépendant ne se fait l'esclave ni de l'opinion publique, ni des préjugés à la mode, ni de la volonté arbitraire des puissants.

2. La fierté, c'est le sentiment de notre dignité morale, sentiment qui nous préserve de toute bassesse. L'homme que guide une noble fierté n'est ni parasite, ni flatteur, ni mendiant ; il ne permet pas que l'on foule aux pieds ses droits, il se fait respecter comme il se respecte lui-même.

3. L'orgueil est le sentiment exagéré que l'homme a de ses mérites et de sa supériorité, réelle ou imaginaire, sur les autres hommes. La fierté est modeste, l'orgueil est insolent. La fierté ne s'abaisse pas ; l'orgueil s'efforce d'abaisser les autres.

4. La vanité est un diminutif de l'orgueil ; c'est l'orgueil placé dans les petites choses.

5. L'orgueil se suffit souvent à lui-même ; la vanité cherche partout des flatteurs.

## XXXI

*Développer cette pensée :*

« *Il faut plus de courage pour soutenir la bonne fortune que la mauvaise.* »

## XXXII

*Développer cette pensée de Bossuet :*

*« Les malheurs sont les seuls maîtres qui puissent nous reprendre utilemen et nous arracher cet aveu d'avoir failli, qui coûte tant à notre orgueil. »*

## XXXIII

*Expliquer cette pensée de Vauvenargues :*

*« La servitude abaisse l'homme jusqu'à s'en faire aimer. »*

(Effet de l'habitude ; dégradation progressive, chez l'esclave, de tous les nobles instincts).

## XXXIV

*Expliquer cette pensée :*

*« La simplicité n'est pas un mérite vulgaire ; il faut en avoir beaucoup pour avoir celui-là. »*

(La simplicité est à la fois une qualité de l'esprit et du cœur. Elle suppose d'abord une rectitude de jugement qui nous éloigne de tout ce qui est excessif ou affecté. Rien de trop ; rien n'est beau que le vrai. Elle suppose ausssi la modestie, le sentiment des convenances, le respect des autres hommes. La simplicité n'aspire point à briller aux dépens d'autrui.)

## XXXV

*Du travail ; du sens moral et de la valeur sociale du travail.*

**Plan.** — 1. Le travail est un déploiement d'activité suivi et réglé en vue d'un but utile. Le travail est à la fois *nécessaire, moral et bienfaisant.*

2. *Nécessaire :* C'est la condition même de l'existence de l'homme sur la terre ; c'est par le travail que l'homme féconde le sol et en tire tout ce dont il a besoin ; c'est par le travail que l'individu se procure les moyens de vivre, la sécurité, l'aisance.

3. *Moral :* 1. Le travail développe toutes les faculté, toutes les énergies de l'homme. Il exerce l'intelligence ; il fortifie la volonté. 2. En travaillant, l'homme se rend utile, non seulement à lui-même, mais aux autres. L'oisif est un parasite. 3. Il éloigne de nous les mauvaises pensées, le goût des plaisirs grossiers. Comme on l'a dit souvent : l'oisiveté est la mère de tous les vices.

4. *Bienfaisant :* Le travail est une condition de bonheur. L'homme est heureux de déployer les facultés qu'il a reçues de la nature, de vaincre les difficultés, de produire une œuvre utile. Le paresseux est à charge à lui-même comme aux autres.

## XXXVI

*Développer cette pensée :*

« *Le travail est une nécessité pour la plupart des hommes, et pour tous un devoir et une condition essentielle de leur moralité et de leur bonheur.* »

## XXXVII

*Développer cette pensée :*

« *L'oisiveté nous rend bientôt à l'activité désabusés de ses promesses.* »

(Vauvenargues).

## XXXVIII

*Expliquer ce mot de Franklin :*

« *L'oisiveté ressemble à la rouille : elle use plus vite que le travail.* »

## XXXIX

*Expliquer cette parole de Gœthe :*

« *Une vie oisive est une mort anticipée.* »

## XL

*Expliquer cette parole du savant Cuvier :*

« *De toutes les espèces d'animaux nuisibles je n'en connais pas de plus dangereuse que l'espèce des oisifs.* »

## XLI

*Expliquer cette maxime :*

« *Une vie bien réglée multiplie le temps.* »

## XLII

*Expliquer ce mot du philosophe Diderot :*

« *Le travail, entr'autres avantages, a celui de raccourcir les jours et d'étendre la vie.* »

## XLIII

*Expliquer cette parole :*

« *L'ennui est entré dans le monde par la paresse.* »

## XLIV

*Des causes et des remèdes de l'ennui.*

(Causes : l'imagination déréglée et la paresse; remèdes : la réflexion et le travail).

## XLV

*Développer cette pensée :*

*« Si l'on examine bien les divers effets de l'ennui, on verra qu'il fait manquer à plus de devoirs que l'intérêt. »*

## XXLVI

*Développer cette pensée :*

*« Nous n'avons de vrais et solides préservatifs contre l'ennui que ceux que nous tirons de nous-mêmes. »*

## XLVII

*Expliquer cette pensée :*

*« Il y a toujours de la faiblesse dans les esprits qui ont une grande pente à l'ennui et au dégoût. »*

## XLVIII

*Expliquer cette parole :*

*« Celui qui dit : je m'ennuie, ne s'aperçoit pas qu'il dit précisément : je suis pour moi-même une sotte et ennuyeuse compagnie. »*

## XLIX

*Définissez la prodigalité et l'avarice, dites en quoi consiste la véritable économie.*

## L

*Expliquer ce mot de Franklin :*

« *L'argent est un bon serviteur et un mauvais maître.* »

# DEVOIRS GÉNÉRAUX DE LA VIE SOCIALE

## I

*Réfuter l'hypothèse d'un prétendu état de nature ; montrer les avantages physiques et moraux de la vie sociale.*

**Plan.** — 1. C'est J.-J. Rousseau qui a dit : « L'homme naît « isolé » et encore : « L'homme est un animal sauvage que la société « a dépravé. » Donc, selon Rousseau et quelques autres philosophes du dix-huitième siècle, l'état de nature, l'état sauvage, est celui qui convient à l'homme ; et le meilleur moyen pour nous d'échapper à la corruption dont Rousseau rend l'état social responsable, c'est de fuir la société de nos semblables, comme le faisait, du reste, volontiers Rousseau lui-même, de nous isoler des autres hommes, et de revenir à l'état sauvage.

2. D'abord, est-il vrai que l'homme ait débuté par l'état sauvage ? Pourquoi demander à une hypothèse l'explication de la réalité ? « Comment, dit quelque part Montesquieu, l'homme est « partout en société, et l'on demande s'il est né pour la société ! « Qu'est-ce qu'un fait qui se produit dans toutes les vicissitudes « de la vie de l'humanité, sinon une loi de l'humanité ? »

3. Donc, l'existence même de la société est un puissant argument en sa faveur. Mais, sans nous arrêter à cette preuve, on en

trouve d'irréfutables dans la nature même de l'homme, dans l'analyse de ses instincts et de ses facultés.

3. Nous aimons la société pour elle-même, indépendamment des avantages qu'elle procure. La solitude nous attriste. Que deviendrait sans la société un des principes les plus puissants de notre âme, la sympathie, qui établit entre tous les hommes une communion de sentiments par laquelle chacun vit en tous, et tous vivent en chacun ?

4. « L'homme, faible et impuissant quand il est seul, dit « Cousin, ressent profondément le besoin qu'il a du secours de « ses semblables, pour développer ses facultés, pour embellir « sa vie et même pour la conserver. » Comparer la vie misérable du sauvage à la vie de l'homme civilisé. La science est l'œuvre de tous les temps, de l'humanité toute entière ; un homme isolé pourra-t-il avec ses seules ressources reconstruire l'œuvre des siècles ?

5. C'est au sein de la société, par la pratique des devoirs de justice et de charité, que l'homme accomplit sa destinée morale.

6. C'est la société qui fait régner parmi les hommes la justice, la liberté, l'égalité. Elle défend l'homme contre lui-même ; elle le protège et le venge au nom des lois. L'état sauvage n'est autre chose que le règne de la force brutale.

7. Conclusion.

## II

*Qu'est-ce que le respect de la personne ? Quelles obligations nous impose le respect de la personne ?*

**Plan.** — 1. Dire pourquoi la *personne* est respectable. (La dignité humaine ; les droits naturels).

2. Nous sommes tenus de respecter la personne dans sa vie : condamnation de l'homicide ; divers genres d'homicide ; (la pré-

méditation, la complicité; fratricide, parricide); condamnation du duel, de l'assassinat politique. Le cas de légitime défense.

2. Respect de la personne dans sa liberté; conséquences funestes de l'esclavage dans l'antiquité et dans les temps modernes; corruption du maître et de l'esclave. L'homme peut prêter le service de son corps; il n'a pas le droit d'abdiquer la possession de sa personne physique, intellectuelle et morale. Le servage, qui attachait l'homme à la terre (à la *glèbe*), au lieu de l'attacher à la personne du maître; qui en faisait un être *taillable et corvéable à merci*, est aussi contraire à la morale que l'esclavage.

3. Respect de la personne dans sa liberté de conscience : condamnation de l'intolérance sous toutes ses formes.

4. Respect de la personne dans son honneur : condamnation de la calomnie, de l'outrage, de la délation, de la médisance.

5. Respect de la personne dans sa propriété, c'est-à-dire dans le droit qu'a l'homme de jouir et de disposer des fruits de son travail. Fondement et légitimité du droit de propriété.

## III

*Qu'est-ce que la liberté de conscience ? de l'intolérance, de ses formes diverses, de ses mobiles.*

**Plan.** — 1. La liberté de conscience, c'est le droit que tout homme possède de penser et de croire ce qui lui semble conforme à la vérité et d'exprimer librement ses opinions, sauf à répondre de l'abus de cette liberté dans les cas prévus par la loi. (Déclaration des droits de l'homme, articles 10 et 11). La liberté de conscience a pour conséquence, en religion, la liberté des cultes.

2. La tolérance respecte la liberté de conscience, l'intolérance s'efforce de l'opprimer. L'intolérance prend des formes diverses:

au moyen-âge, elle persécute les hérétiques par le fer et par le feu ; au seizième siècle, elle enfante les guerres de religion et les massacres de la Saint-Barthélemy; au dix-septième siècle, elle exile les protestants (révocation de l'Edit de Nantes) ; au dix-huitième, elle brûle les livres, emprisonne ou chasse les écrivains.

3. De nos jours, elle emploie la violence morale; elle outrage, dénonce, calomnie ; elle condamne comme immorale et dangereuse toute opinion qu'elle n'approuve pas. Elle se manifeste encore sous la forme d'une contrainte exercée par une volonté forte sur une volonté plus faible.

4. Les mobiles de l'intolérance sont l'orgueil, l'égoïsme, le mépris des autres. L'intolérant regarde la contradiction comme une injure personnelle qui lui est faite. Il repousse avec violence, et sans l'examiner, toute opinion contraire à ses intérêts personnels ou à ceux de son parti.

5. La tolérance cherche à ramener les dissidents par la persuasion. Elle sait faire la part du vrai et du faux, et ne compte, pour triompher de l'erreur, que sur la libre discussion d'où jaillit la lumière.

6. La tolérance n'est pas l'indifférence. Tout homme a le droit et le devoir de plaider la cause de la vérité et d'apporter à la défense de ses idées un zèle qui peut aller jusqu'au martyre. L'indifférent est sceptique et doute de tout ; le martyre meurt pour ses croyances; l'intolérant, le fanatique, tue pour faire prévaloir les siennes.

## IV

*Développer cette pensée :*

« *La religion, détournée de son but, et, pour ainsi dire, prise à rebours, a serv..*
« *de sanction à tout ce que la servilité eut jamais de plus abject et la tyrannie*
« *de plus détestable.* »

## V

*Expliquer cette parole :*

*Il est permis de s'affliger, il n'est jamais permis de rire de la religion d'autrui. »*

(Toute religion, quelque grossière qu'elle soit, est une aspiration vers l'idéal, vers la divinité ; elle a donc son origine dans un sentiment respectable.)

## VI

*Définir les mots calomnie, diffamation, délation, médisance, et dire pourquoi la morale condamne ceux qui calomnient, diffament, dénoncent ou médisent.*

**Plan.** — 1. La calomnie est un mensonge qui a pour objet de nuire à autrui dans l'estime publique. Elle est particulièrement condamnable quand elle se produit sous forme de faux témoignage en justice. Elle est toujours odieuse, soit qu'elle déshonore, soit qu'elle ridiculise celui qui en est victime.

2. La délation est une révélation malveillante et intéressée des fautes d'autrui. En politique, le délateur s'efforce d'attirer les rigueurs de la justice ou de l'opinion publique sur ceux qui ne partagent pas ses idées. On sait combien la délation a fait de victimes à Rome sous l'empire. Dans la vie privée, que de ravages peut causer une révélation indiscrète et surtout une lettre anonyme !

3. La diffamation consiste à donner de la publicité à certains actes déshonorants ; elle se distingue de la calomnie en ce que les actes qu'elle dénonce sans nécessité ont été réellement commis. Elle n'en tombe pas moins sous le coup de la loi. Ainsi

la loi ne permet pas de rappeler publiquement à un homme une condamnation qu'il a subie en justice.

4. La médisance se plait à développer les torts, les défauts, les ridicules d'autrui ; elle diffère de la calomnie, en ce que le mal qu'elle dit est vrai. Mais la médisance n'en est pas moins condamnable. D'abord, elle glisse facilement à la calomnie; elle exagère volontiers le mal ; elle ne dit pas le bien ; elle peut même répandre de bonne foi des bruits calomnieux.

5. La morale condamne la calomnie, la délation, la diffamation et la médisance, parce que, sous ces différentes formes, la malveillance porte atteinte aux intérêts et surtout à la réputation d'autrui. La morale nous fait un devoir de respecter les hommes dans leur honneur.

## VII

*Développer cette pensée de Bourdaloue :*

« *La médisance est également funeste à celui qui médit, à celui dont on médit, et à celui devant qui l'on médit* ».

## VIII

*Développer cette pensée :*

« *Médire sans dessein, c'est bêtise : médire avec réflexion, c'est noirceur. Que le médisant choisisse : il est sot ou méchant !* »

(Duclos).

## IX

*Développer cette pensée de Boileau :*

« *C'est un méchant métier que celui de médire.* »

## X

*Développer cette pensée de Boileau :*

*« Le mal qu'on dit d'autrui ne produit que du mal ».*

## XI

*Expliquer cette parole de Pascal :*

*« Diseur de bons mots, mauvais caractère. »*

(Distinguer les bons mots inoffensifs, les saillies plaisantes, ou bien encore les épigrammes destinées à punir la méchanceté ou la sottise, des railleries inspirées par la malveillance.)

## XII

*Expliquer cette parole d'un moraliste :*

*« La raillerie est souvent indigence d'esprit. »*

## XIII

*Expliquer cette parole :*

*« La raillerie est un discours en faveur de son esprit contre son bon naturel. »*

## XIV

*Développer cette pensée de* **La Rochefoucauld** *:*

*« La plus grande marque d'être né avec de grandes qualités, c'est d'être né sans envie ».*

## XV

*Développer cette pensée de La Rochefoucauld :*

*« On fait souvent vanité des passions les plus criminelles ; mais l'envie est une passion timide et honteuse que l'on n'ose jamais avouer. »*

(L'envie est un aveu d'infériorité, une expression du mépris de soi-même.)

## XVI

*Du mensonge, de ses mobiles, de ses formes diverses.*

**Plan.** — 1. Induire les autres en erreur, c'est détourner leur intelligence de son but naturel, qui est la vérité ; c'est contribuer à détruire la confiance réciproque qui est indispensable aux relations sociales.

2. Le mensonge peut être inspiré par l'intérêt, par la lâcheté, par la vanité, enfin par ce besoin instinctif de mentir qui se rencontre chez quelques hommes.

3. Le mensonge dans les relations commerciales s'appelle la fraude. Dans la vie ordinaire, il peut prendre la forme de l'hypocrisie, de la dissimulation, de la flatterie, de la vantardise.

4. Le mensonge le plus condamnable est le parjure, qui consiste à prêter un faux serment ou à violer le serment qu'on a prêté.

5. Conclusion : éloge de la sincérité, qu'il faut distinguer de l'indiscrétion et de la franchise brutale.

## XVII

*Développer cette maxime :*

*« Fuis pour un moment l'homme colère ; fuis pour toujours l'homme dissimulé. »*

(On pourra, pour traiter ce sujet, mettre en scène, à la façon de La Bruyère, deux personnages, l'homme colère et l'homme dissimulé, et tracer le portrait de l'un et de l'autre.)

## XVIII

*Développer cette pensée :*

*« Etre vrai dans ses discours est le caractère d'un homme libre ; mentir est celui d'un esclave. »*

## XIX

*Expliquer ce mot de Corneille :*

*« Tout homme de courage est homme de parole. »*

(L'homme de courage ne se laisse jamais entraîner, par intérêt, par complaisance ou par faiblesse, à promettre plus qu'il ne peut tenir ; et, quand il a promis, il accepte la responsabilité de ses engagements et tient parole, quoi qu'il doive lui en coûter.)

## XX

*Fontenelle disait que, s'il avait la main pleine de vérités, il se hâterait de la fermer. Que vous semble de cette parole ?*

(Fontenelle avait tort. Les hommes sont faits pour connaître la vérité ; la leur dérober, c'est porter atteinte à leur intelligence. L'ignorance et l'erreur sont toujours funestes, dans la vie publique comme dans la vie privée. Pourquoi Fontenelle suppose-t-il que la connaissance de la vérité serait plus funeste aux autres qu'à lui-même ? La vérité n'est-elle pas la loi de la raison humaine pour les autres comme pour lui ? Il faut reconnaître, cependant, qu'il est certaines vérités que l'on doit taire, selon les circonstances et les personnes, et surtout qu'il doit y avoir une mesure dans la communication de la vérité ; tous n'en sont pas capables au même moment et au même degré ; pour qu'ils puissent la recevoir, il faut la proportionner à leur développement intellectuel.)

## XXI

*Qu'est-ce que le droit de propriété? montrer que la propriété est une institution naturelle et légitime.*

**Plan.** — 1. Le droit de propriété, c'est le droit de posséder légitimement certaines choses, d'en user et d'en disposer librement.

2. La propriété répond à la fois à nos besoins et à un instinct de notre nature. A nos besoins : car l'homme ne peut vivre sans s'assimiler certains objets dont la possession lui est indispensable pour se nourrir, se vêtir, s'abriter. A un instinct de notre nature : nous aimons à posséder pour posséder; « il nous semble, « dit J. Simon, que notre personne s'agrandit de tout ce qui « s'ajoute à notre propriété. » Les objets qui nous ont toujours appartenu nous deviennent plus précieux et plus chers. Qui n'a observé l'amour de la propriété chez les enfants? Cet amour de la propriété est un des plus vifs stimulants de l'activité.

3. Mais l'amour de la propriété est un fait psychologique; le droit de propriété est un principe social. Quel est le fondement de ce droit?

Le droit de propriété a son fondement dans la liberté humaine, dans l'inviolabilité de la personne. En effet, la personne est inviolable, non seulement, dit Cousin, dans le sanctuaire intime de sa conscience, mais dans toutes ses manifestations légitimes, dans tous ses actes, dans le produit de ses actes, même dans les instruments qu'elle fait siens en s'en servant. C'est parce que l'homme s'appartient à lui-même que les produits de son activité et de son industrie lui appartiennent.

La propriété a donc son principe dans le travail ; et ce qu'on appelle *le capital* pourrait se définir *du travail accumulé.*

4. Sans doute, à l'origine, la terre appartenait à tous, mais les produits de la terre sont devenus la propriété légitime de ceux qui l'ont cultivée. Les fruits qui pendent aux arbres, le poisson dans les rivières, le gibier dans les forêts, étaient à tout le monde ; mais ceux qui ont récolté les fruits des arbres, ceux qui ont pris le poisson et le gibier, en sont devenus propriétaires; car, pour se les approprier, ils ont travaillé. Possesseurs des fruits de leur activité, ils avaient le droit d'en user, de les donner, de les échanger; et les biens qu'ils se procuraient par l'échange leur appartenaient au même titre que ceux qui étaient le produit direct de leur travail.

5. Le droit de propriété a pour conséquence la légitimité de la transmission des biens par héritage.

6. Conclusion : la propriété est légitime et sacrée, et le vol sous toutes ses formes, pillage, larcin, fraude, escroquerie, contrefaçon des produits de l'industrie ou des œuvres littéraires et artistiques, est condamné par la morale.

## XXII

*Développer cette pensée :*

*« Quelque différence qu'il y ait entre les fortunes, il y a cependant une certaine compensation de biens et de maux qui les rend égales. »*

## XXIII

*Définir les mots : probité, loyauté, équité, délicatesse.*

(Être probe, c'est observer strictement les devoirs de justice, ne faire tort à personne, et surtout s'abstenir de prendre ou de retenir le bien d'autrui. La loyauté comprend l'honnêteté, la franchise, et le respect inviolable des engagements. L'équité consiste dans la pratique de la justice distributive qui rend à chacun ce qui lui est dû et proportionne la récompense au mérite. Parmi les devoirs qui dérivent de la justice distributive on peut placer la reconnaissance, le respect de la vieillesse, les hommages rendus aux supériorités intellectuelles et morales. La délicatesse est la qualité des consciences scrupuleuses qui sacrifient volontiers quelque chose de leur propre droit dans la crainte d'empiéter sur le droit d'autrui, et qui tiennent à honneur de donner plus qu'elles ne reçoivent. L'homme délicat a toujours un très vif sentiment de ce qu'il doit aux autres. La délicatesse est comme la fleur de la probité.)

## XXIV

*Qu'entendez-vous par les devoirs de charité? Quelles sont les différentes formes de la charité?*

**Plan.** — 1. Définir les devoirs de charité et les distinguer des devoirs de justice.

2. Différentes formes de la charité : bienveillance, bienfaisance, aumône, bonté, philanthropie.

## XXV

*Définir les mots : bienveillance, bienfaisance, aumône, bonté, philanthropie.*

La bienveillance est une disposition à vouloir du bien aux autres ; la bienfaisance consiste à leur en faire. La bienfaisance est essentiellement active. L'aumône est une forme de la bienfaisance; c'est elle qui soulage la misère par un secours immédiat. La bonté souffre du malheur des autres et jouit de leur bonheur; elle est ingénieuse à faire le bien. La philanthropie est la vertu des âmes d'élite dont les bienfaits s'adressent moins à tel ou tel individu qu'à l'humanité en général. Les hommes qui fondent des hôpitaux, des asiles pour la vieillesse ou pour l'enfance, ceux qui travaillent à l'affranchissement des esclaves, à l'amélioration du sort des déshérités de ce monde, sont des philanthropes.)

## XXVI

*Développer cette pensée de J.-J. Rousseau :*

« *Ce n'est pas assez de faire l'aumône ; il faut faire la charité.* »

**Plan.** — L'aumône n'est qu'une des formes de la charité; elle se fait avec de l'argent; la charité se fait avec le cœur. Il n'est pas besoin d'être riche pour être charitable. Soigner les malades, consoler les affligés, instruire les ignorants, c'est pratiquer la charité. L'aumône elle-même n'est en rien méritoire lorsque la charité en est absente.

## XXVII

*Développer la pensée exprimée dans ces vers de Pierre Mathieu, historiographe de Henri IV :*

« *La main n'oblige point si le cœur ne l'ordonne ;*
« *Ce qui ne vient de luy n'a grâce ni faveur ;*
« *Celuy donne beaucoup qui soy-même se donne,*
« *Celuy ne donne rien qui réserve le cœur.* »

## XXVIII

*Développer cette pensée de La Bruyère :*

« *Il vaut mieux s'exposer à l'ingratitude que de manquer aux misérables.* »

## XXIX

*Expliquer cette pensée :*

« *La charité est quelque chose de mieux qu'un bon mouvement du cœur ; c'est un acte d'équité et de bon sens.* »

*Un acte d'équité.* — En effet, c'est une sorte de réparation accordée par les heureux du monde à ceux que la fortune a maltraités. *Un acte de bon sens.* — Soyons charitables envers les autres, pour qu'on le soit envers nous. Soyons charitables aussi pour désarmer les colères qu'allument dans le cœur du misérable le sentiment de ses souffrances et la comparaison qu'il fait de son sort au nôtre :

« Que ce ne soit pas lui qui des mains vous arrache
« Tous ces biens superflus où son regard s'attache !
« Ah ! que ce soit la charité. »

(V. Hugo.)

## XXX

*Développer cette pensée :*

« *La libéralité consiste moins à donner beaucoup qu'à donner à propos.* »

## XXXI

*Développer cette pensée de La Rochefoucauld :*

« *Assez de gens méprisent le bien, mais peu savent le donner.* »

## XXXII

*Développer la pensée exprimée dans ces vers :*

« *La façon de donner vaut mieux que ce qu'on donne ;*
« *Tel donne à pleines mains qui n'oblige personne.* »

## XXXIII

*Comment faut-il entendre le proverbe :*

*« Un bienfait n'est jamais perdu? »*

(Quand même nos bienfaits ne nous attirent point de reconnaissance, ils nous procurent la joie d'avoir fait le bien.)

## XXXIV

*Expliquer cette maxime :*

*« Servez l'homme dans celui dont vous ne pouvez aimer la personne. »*

(Une personne peut nous être antipathique pour diverses raisons ; elle peut même avoir des torts envers-nous ; mais dans cette personne il y a un homme, c'est-à-dire un de nos semblables, un représentant de l'humanité. Ce n'est pas envers l'individu, c'est envers l'homme que nous sommes obligés ; oublions l'individu et servons l'homme, comme l'exige la charité.)

## XXXV

*Expliquer cette parole de Michelet :*

*« On ne sait pas assez tout ce qu'il y a de gloire à être bon. »*

**Plan.** — 1. Distinguer la vraie bonté de la bonté molle et banale qui vient de la faiblesse du caractère.

2. Montrer tout ce que la vraie bonté suppose de force d'âme. 1° Puisqu'elle doit être désintéressée. 2° Puisqu'elle doit résister à l'égoïsme, à l'ingratitude, à tous les dégoûts que nous apporte l'expérience de la vie. 3° Puisqu'elle doit devenir un état et une habitude de l'âme.

## XXXVI

*Expliquer cette maxime :*

*« Les injures doivent s'écrire sur le sable et les bienfaits sur l'airain. »*

**Plan.** — 1. *Les injures doivent s'écrire sur le sable*, c'est-à-dire nous devons pardonner et, s'il se peut, oublier les injures. C'est le genre de charité le plus méritoire ; car, pour le pratiquer, il faut se vaincre soi-même, imposer silence à des ressentiments légitimes, étouffer la passion de la vengeance qui est une des plus naturelles et des plus profondes du cœur humain.

2. Le pardon des injures est un devoir de justice ; car nous ne pouvons être juges équitables et désintéressés des torts qui nous atteignent directement. C'est aussi un devoir de charité ; car le pardon est plus salutaire au coupable que le châtiment.

3. *Les bienfaits doivent s'écrire sur l'airain.* C'est le devoir de reconnaissance, devoir de justice, puisqu'il consiste à rendre à chacun ce qui lui est dû. L'ingratitude est un crime ; elle est inspirée par les sentiments les plus méprisables.

## XXXVII

*Développer cette pensée :*

*« La sérénité que répand dans l'âme une conscience pure dispose naturellement à la bienveillance. »*

## XXXVIII

*Expliquer cette parole :*

*« L'expérience confirme que la mollesse et l'indulgence pour soi et la dureté pour les autres n'est qu'un seul et même vice. »*

## XXXIX

*Expliquer cette parole :*

« *Pouvoir vivre avec soi-même et savoir vivre avec les autres, c'est là toute la science de la vie.* »

## XL

*Développer cette pensée de Vauvenargues :*

« *Il faut de grandes ressources dans l'esprit et dans le cœur pour goûter la sincérité lorsqu'elle blesse et pour la pratiquer sans qu'elle offense.* »

## XLI

*Expliquer cette pensée :*

« *Votre conscience et la voix du cœur vous diront où commence la lâcheté des flatteries, et où finit la grâce de la conversation.* »

## XLII

*Expliquer cette pensée :*

« *Il faut mériter soi-même beaucoup d'éloges pour supporter l'éloge d'autrui.* »

## XLIII

*Expliquer cette pensée :*

« *Une vérité qu'on nous dit nous fait plus de peine que cent que nous nous dirions à nous-mêmes.* »

## XLIV

*Expliquer cette pensée :*

« *La politesse est l'art de concilier avec agrément ce qu'on doit aux autres et ce qu'on se doit à soi-même.* » (M^me^ de Saint-Lambert).

**Développement.** — Nous vivons trop près les uns des autres dans l'état de société pour ne pas nous coudoyer; nos existences se mêlent; nos intérêts se contrarient; nos droits se limitent et se gênent. Dans ce conflit perpétuel de droits et d'intérêts, comment vivre en paix, et qui pourra nous empêcher d'être une société de plaideurs obstinés et de duellistes à outrance ? Une vertu moyenne, un peu dédaignée, plus utile qu'éclatante, la politesse. Dans une famille, c'est l'amour qui assure le respect des droits réciproques; dans la société en général, c'est la loi. Mais ces rapports de chaque jour avec des inconnus ou des indifférents, c'est la politesse qui les règle et les adoucit : ces droits qui ne sont écrits nulle part et qu'aucune loi positive ne garantit, c'est la politesse qui les maintient, sans les rendre onéreux. Il faut respecter le droit d'autrui en faisant respecter le nôtre : tel est le principe. Il y a donc là une sorte de contrat dont la politesse assure l'exécution, sans qu'il y paraisse; car le rôle de la politesse, c'est de dissimuler les droits qu'elle fait respecter ; elle les rappelle sans les nommer. Elle se garde bien de les invoquer comme un article du code; elle fuit la solennité des revendications directes ; elle semble s'excuser, et sans s'humilier, réclame un droit comme une faveur. Elle a donc été parfaitement définie par Madame de Lambert : « L'art de concilier avec agrément ce qu'on doit aux autres et ce qu'on se doit à soi-même. ».

Ceux qui ont fait un code de la politesse, ont méconnu son vrai caractère, s'ils ont pensé enfermer dans quelques préceptes pédantesques toute cette science de nuances et de tempéraments, si fugitive et si variée. Sans doute, on ne naît pas poli, et la politesse n'est pas de ces vertus que nous trouvons dans notre cœur. Elle s'apprend; mais elle ne s'apprend guère à l'école. Le bon sens nous en fait d'abord concevoir la nécessité. Puis, la vie, sans nous rendre moins fermes sur tout ce qui touche à nos droits, nous rend plus délicats sur nos devoirs et diminue cette première fierté qui nous faisait dédaigner d'avoir raison poliment; mais elle ne nous en apprendra jamais assez pour que nous songions à nous ériger en casuistes de la politesse.

Il y a dans la politesse divers degrés ; elle se modifie suivant l'inégalité des droits mis en présence. Envers les supérieurs, elle est obligatoire et n'exprime que le dévouement et le respect. Elle est touchante et méritoire, quand elle s'adresse à des inférieurs. Mais le véritable exercice de la politesse est dans une société d'égaux. Là, elle préside à tous les actes de la vie sociale; sous ses auspices, la conversation s'engage, se poursuit, s'alimente par la contradiction sans dégénérer en dispute, ménageant les amours-propres, fuyant les souvenirs désagréables et les sujets dangereux, et, sans être dirigée par personne, grâce aux habitudes de ceux qui la soutiennent, écarte tous les pièges, évite tous les écueils. Les femmes comme la marquise de Lambert sont faites pour enseigner aussi bien que pour définir la politesse. Elles en sont les gardiennes. Leur présence semble l'imposer, et elles savent au besoin rappeler d'un seul mot le précepte à ceux qui l'oublient. D'un geste ou d'un sourire, elles envoient Vadius et Trissotin achever leur querelle dans l'antichambre.

C'est donc un puéril orgueil qui se révolte contre la politesse, et ce sont les esprits faux qui n'y veulent voir qu'une frivole coutume. Sans doute, il y a des préjugés qu'on doit éviter, des formes dont on peut sourire. Mais s'en fâcher, quelle folie ! On dit que la politesse sert parfois de masque aux plus mauvais sentiments. C'est elle, en effet, qui fait vivre en face l'un de l'autre deux ennemis, et qui met une sourdine à toutes les haines, obligées de feindre non pas l'amitié, mais l'indifférence. Que de méchantes pensées que l'habitude comprime et qui ne reparaîtront plus ! Que de violentes colères qu'on dissimule avec un sourire, et dont on s'applaudit ensuite d'avoir ajourné l'explosion ! Que de passions dont la politesse tempère l'expression et que la réflexion pourra plus tard pacifier dans la solitude! Ainsi cette vertu décriée tient lieu de raison, de vertu, de bonté à ceux-là même qui en sont dépourvus. Modeste et fragile en apparence, elle protège sans qu'on le sache ou qu'on veuille en convenir, de grands intérêts, la paix de la vie et le charme de la société. Les sots rachètent leur sottise en subissant cette loi sans murmurer. L'accepter librement et de bonne grâce, c'est la marque d'un excellent esprit, juste et bien discipliné.

## XLV

*Montrer que l'impolitesse est une forme de l'injustice et que la politesse est un devoir de charité.*

## XLVI

*Expliquer cette parole :*

« *Qui n'est pas assez poli n'est pas assez humain.* » (Joubert).

## XLVII

*Expliquer cette pensée :*

« *Une mauvaise écriture est une forme du mépris d'autrui.* »

## XLVIII

*Développer cette pensée :*

« *Les qualités du cœur sont plus nécessaires que les qualités de l'esprit ; l'esprit plaît, mais c'est le cœur qui lie.* »

## XLIX

*Développer cette pensée :*

« *Chercher à briller, c'est penser à soi ; chercher à plaire, c'est penser aux autres.* »

## L

*Développer cette pensée :*

« *On se rend agréable dans la conversation quand on écoute volontiers et sans jalousie, et qu'on laisse les autres avoir de l'esprit.* » (Saint-Evremond).

## LI

*Développer cette pensée d'un philosophe ancien* (Sénèque) :

« *On recherche trois choses dans la véritable amitié : la vertu, qui en constitue la beauté ; l'habitude, qui en fait la douceur ; l'usage qu'on en retire, qui en forme l'utilité.* »

## LII

*Influence que peuvent avoir les relations d'amitié sur la vie d'un jeune homme ; comment choisirez-vous les vôtres ?*

## LIII

*Que pensez-vous de cette maxime :*

« *La force de l'amitié est toujours proportionnée au besoin que les hommes ont les uns des autres...le besoin est la mesure du sentiment* » (Helvetius).

## LIV

*Que pensez-vous de cette maxime d'un philosophe ancien :*

« *Vis avec ton ami comme s'il devait être un jour ton ennemi.* »

## LV

*Développer cette pensée :*

« *Il est plus honteux de se défier de ses amis que d'en être trompé.* »

## LVI

*Expliquer cette parole :*

« *Quand je suis avec mon ami, je ne suis pas seul et nous ne sommes pas deux.* »

## LVII

*Avons-nous des devoirs à l'égard des animaux ?*

**Plan.** — 1. Les animaux sont plus que des choses, puisqu'ils sont doués de sentiment, capables d'affection ; ils sont moins que des personnes, puisqu'il leur manque la raison et la liberté. Nous avons des devoirs envers les animaux, mais ces devoirs passent après les devoirs d'humanité.

2. Il est des animaux qui nous aident dans nos travaux, qui nous donnent des marques touchantes de fidélité et d'attachement : nous devons donc les traiter avec douceur et compassion.

3. L'homme qui traite les animaux avec cruauté développe en lui-même des instincts de violence et de brutalité, dont ses semblables pourront un jour être victimes.

4. Gardons-nous toutefois d'une puérile sensiblerie : nous avons le droit de tuer les animaux pour nous défendre ou pour nous nourrir ; c'est la nécessité qui nous justifie. Nous avons également le droit de faire servir les animaux vivants aux expériences physiologiques. (Erreur des *Pythagoriciens* et des *Végétariens ;* légitimité de la vivisection.)

5. Mais nous devons épargner aux animaux des souffrances inutiles, mutilations, chasse aux nids d'oiseaux, destruction d'insectes inoffensifs. Condamnation des combats de taureaux, qui sont une école de férocité.

6. Utilité des *sociétés protectrices des animaux* ; sagesse de la *loi Grammont*. (Ceux qui auront exercé publiquement et « abusivement des mauvais traitements envers les animaux « domestiques seront punis d'une amende de 5 à 15 francs, et « pourront l'être de un à cinq jours de prison » 1850).

---

# DEVOIRS DOMESTIQUES

## I

*Qu'est-ce que la famille? Origine de la famille; division des devoirs domestiques; l'esprit de famille.*

**Développement.** — La famille, en prenant le mot dans le sens large, est une association qui comprend toutes les personnes issues d'un même sang, enfants, frères, neveux. Dans un sens plus restreint, c'est l'ensemble des personnes vivant sous le même toit: le père, la mère, les enfants.

L'institution de la famille répond à un instinct naturel. Dans l'espèce humaine comme dans les espèces animales, la famille a pour origine et pour but la perpétuité de l'espèce; mais chez l'homme cet instinct primitif s'ennoblit et se relève, comme tous les autres, par les sentiments particuliers dont il est la source, et surtout par les lois de devoir et de droit qui le consacrent et le sanctionnent.

Sans doute, la famille n'a pas toujours existé à l'état et sous la forme où nous la voyons aujourd'hui chez les peuples civilisés. Il est possible qu'elle n'ait guère différé, au début des sociétés humaines, de la promiscuité animale. Chez la plupart des peuples, elle ne s'est point tout d'abord distinguée de la tribu, dans laquelle toutes les familles étaient confondues.

Ailleurs, chez les Indiens, chez les Perses, chez les anciens Hébreux, elle nous apparaît sous la forme du régime patriarcal, où le père exerçait sur tous les siens une autorité sans limites. Il y eut enfin, il y a même encore des tribus sauvages où la famille n'existe pas.

Mais, quoiqu'en aient pu dire certains philosophes, l'état sauvage n'est pas l'état de nature. Loin de là, l'instinct naturel, les rapports nécessaires qui unissent les enfants aux parents, la faiblesse prolongée de l'enfant qui est incapable de vivre et de se développer seul, le besoin des affections domestiques si vivement ressenti chez tous les hommes, tout nous prouve que l'homme est fait pour vivre en famille.

La famille est le premier fondement de la société et la condition nécessaire des mœurs publiques. C'est au sein de la famille que l'homme conçoit l'idée de ses premières obligations et fait l'apprentissage de toutes les vertus ; et les peuples les plus civilisés, les plus forts, les plus heureux, sont ceux où la famille est constituée sur les bases les plus solides. Partout, dans l'histoire, nous voyons le mépris des devoirs domestiques coïncider avec la corruption des mœurs et la décadence politique.

Les devoirs domestiques se divisent naturellement d'après les rapports qui naissent de la vie de famille.

La famille commence par le mariage. Selon les termes de notre code « le mariage est une association de l'homme et de « la femme pour partager les plaisirs et supporter en commun « les épreuves de la vie. »

Unis par le mariage, les parents ont, selon la nature et selon la loi, des devoirs à remplir envers leurs enfants. « Les époux « contractent ensemble, dit le code civil, par le fait seul du « mariage, l'obligation de nourrir, entretenir et élever leurs « enfants. »

Elever les enfants, c'est veiller à leur éducation, leur donner de bons conseils et de bons exemples, les instruire ou les faire instruire d'une manière conforme à leur fortune et à leur condition sociale.

Les enfants ont à leur tour des devoirs envers leurs parents : ils leur doivent obéissance, respect, reconnaissance, affection, dévouement.

Au devoir filial se joint pour les enfants nés des mêmes parents le devoir fraternel. Les frères et sœurs sont tenus, non seulement de se traiter avec justice et de se considérer comme égaux, mais de s'aimer, de se protéger, de s'aider mutuellement. Les aînés surtout ont envers les plus jeunes des obligations spéciales; en certains cas, ils remplacent auprès d'eux les parents.

Les membres d'une même famille sont tenus les uns envers les autres à l'accomplissement de tous les devoirs généraux de la vie sociale ; mais l'obligation qui les y astreint est ici plus étroite et plus impérieuse.

En outre, des rapports particuliers qui les unissent dérivent des devoirs d'une nature particulière.

On peut distinguer dans la famille quatre classes de devoirs, correspondant à quatre espèces de rapports :

1. Devoirs des époux entre eux.
2. Devoirs des parents envers les enfants.
3. Devoirs des enfants envers les parents.
4. Devoirs des frères et sœurs entre eux.

Lorsque tous les membres de la famille remplissent leurs devoirs les uns envers les autres, non seulement avec une scrupuleuse exactitude, mais avec amour, avec empressement, avec un dévouement et une abnégation de toutes les heures ; lorsqu'enfin ils pratiquent fidèlement entre eux la maxime : *tous pour un, un pour tous*, c'est alors que règne au sein de ce groupe formé par la nature ce qu'on appelle proprement *l'esprit de famille*. Alors, rien n'est indifférent aux uns de ce qui arrive aux autres : tout est mis en commun, les joies, les souffrances, les succès, les revers. Un vif sentiment de solidarité inspire tous un égal souci de l'honneur du nom ; et tel qui serait tenté d'oublier ce qu'exige sa dignité personnelle, sera préservé du mal et excité au bien par le respect de ces traditions d'honneur et de vertu qui sont le patrimoine et la véritable noblesse d'une famille.

## II

*Développer cette pensée de Fénelon :*

*« Ce sont les femmes qui ruinent et qui soutiennent les maisons, qui règlent tout le détail des choses domestiques, et qui, par conséquent, décident de ce qui touche de plus près à tout le genre humain. »*

## III

*Développer cette pensée de Montaigne :*

*« Un bon mariage est une douce société de vie, pleine de constance, de peines, et d'un nombre infini d'utiles et solides offices et obligations mutuelles. »*

## IV

*Fondement et limites de l'autorité paternelle.*

**Plan.** — 1. On entend par pouvoir paternel le pouvoir commun que le père et la mère exercent sur leurs enfants. Les parents doivent veiller à ce que les volontés du père et celles de la mère ne soient jamais en contradiction, et que l'enfant n'ait pas à choisir entre les commandements de l'un et ceux de l'autre.

2. Le pouvoir paternel a son origine et son fondement dans la faiblesse de l'enfant qui, au point de vue physique, intellectuel et moral, ne peut se suffire à lui-même.

3. Le pouvoir paternel a pour limites les intérêts et les droits

de l'enfant. C'est dans l'intérêt de l'enfant qu'il doit s'exercer ; au delà de ce qui est utile à l'enfant, les parents ne peuvent rien. L'enfant est une personne et ne doit jamais être traité comme une chose.

4. Conséquences de ces principes. Les parents n'ont le droit ni de tuer, ni de vendre comme esclave, ni de maltraiter l'enfant. Ils n'ont pas le droit non plus d'exiger de lui, dans un but de gain, un travail qui excède ses forces.

5. Rappeler que chez certains peuples, chez les Romains par exemple, l'autorité des pères sur leurs enfants était illimitée.

Au moyen-âge, le père pouvait condamner son fils à l'état monastique ; au dix-septième et au dix-huitième siècle, il pouvait le faire emprisonner au moyen d'une lettre de cachet. La loi déshéritait les filles au profit des fils, et le cadet au profit de l'aîné. C'est la Révolution Française qui a supprimé ces derniers abus et proclamé les droits de l'enfant, en même temps qu'elle proclamait les droits de l'homme et du citoyen.

## V

*Montrer la légitimité et la nécessité de l'obligation scolaire.*

**Plan.** — 1. Le père doit à tous ses enfants la nourriture de l'esprit comme il leur doit la nourriture du corps. Il n'a pas le droit de condamner son fils à l'ignorance, c'est-à-dire à la misère et le plus souvent au vice.

2. Le père n'a pas le droit de porter un tel préjudice à la société et de la priver du concours efficace de ses membres utiles.

3. A défaut de la famille, coupable de négligence ou hors d'état de faire les sacrifices nécessaires, la société doit l'instruction à tous ses membres, dont elle garde la tutelle, la charge et la responsabilité, tant qu'elle ne les a pas mis en état

d'exercer et d'appliquer librement leurs facultés physiques, intellectuelles et morales.

4. De ce devoir qui ne se sépare pas, d'ailleurs, de son intérêt bien entendu, résulte pour la société le droit de rendre l'instruction primaire obligatoire, et de donner l'enseignement gratuit à tout ceux qui ne peuvent en payer le bienfait. Cette obligation, comme cette faveur, ne portent aucune atteinte à la liberté. En obligeant les pères à faire instruire leurs enfants, ce n'est pas une contrainte que la société exerce contre des citoyens, c'est une protection qu'elle accorde à des mineurs.

## VI

*Qu'est-ce que la piété filiale ?*

(La piété filiale résume tous les sentiments que les enfants doivent témoigner à leurs parents : obéissance, respect, déférence, amour, dévouement. La piété filiale se manifeste, suivant l'âge des enfants, sous des formes diverses ; mais ils ne peuvent, à aucun âge, s'affranchir des devoirs qu'elle impose.)

## VII

*Expliquer cette parole :*

*« Les bonnes familles sont celles où les enfants continuent d'obéir, quand les parents cessent de commander. »*

**Plan.** — 1. Il vient un âge où l'enfant, son éducation achevée, est affranchi, par la nature et par la loi, de l'autorité paternelle. Mais entre les parents et les enfants subsiste toujours un lien moral que le temps ne peut briser. Les parents conservent la sollicitude pour leurs enfants, et les enfants ne peuvent renoncer au respect, à la reconnaissance, à l'affection pour leurs parents.

2. Dans les bonnes familles, dit-on, les enfants continuent d'obéir ; seulement, leur obéissance est volontaire et réfléchie. Ils ne se soumettent plus à une autorité armée de contrainte ; ils s'inclinent, dans la plénitude de leur liberté, devant une autorité morale qui leur inspire une entière confiance. Ils ne reçoivent plus d'ordres, ils acceptent avec déférence des conseils qu'ils savent dictés par une affection éclairée.

3. C'est à ce signe, dit-on encore, que l'on reconnaît les bonnes familles. En effet, pour que l'enfant, arrivé à sa majorité, continue d'obéir, deux conditions sont nécessaires. 1° Il faut que les parents n'aient jamais rien exigé de lui qui ne fût conforme à son intérêt, et que leurs volontés aient toujours été justes et raisonnables. 2° Que l'enfant ait pour ses parents l'amour et le respect qu'il doit avoir, et qu'il se soit fait de l'obéissance une habitude dans laquelle il lui soit doux de persévérer. Or, n'est-il pas évident que c'est là ce qui constitue les bonnes familles ?

## VIII

*Montrer comment la famille est l'école des vertus en général, et comment la pratique des devoirs domestiques prépare l'homme à la pratique des vertus sociales.*

**Plan.**—Au foyer domestique, l'enfant apprend naturellement et presque sans effort à faire le bien. Il ne lui coûte rien d'être bon, juste, dévoué pour ceux qui l'entourent, parce qu'il est soutenu par l'affection qu'il éprouve lui-même pour les siens et par celle qu'ils lui témoignent. Le devoir lui apparaît ainsi sous une forme aimable et souriante, et la pratique de la vertu entre insensiblement dans ses habitudes. Le respect de la justice, de l'autorité, le sentiment de la dignité personnelle, sont des vertus qui se développent peu à peu dans le cercle restreint de la famille, comme dans une atmosphère plus tiède et plus favorable, pour s'épanouir ensuite dans un milieu plus vaste, dans la patrie et dans l'humanité.)

## IX

*Quels sont dans la famille les devoirs de la sœur aînée ?*

(La sœur aînée remplace souvent la mère auprès des autres enfants. Elle veille sur eux, prend soin de ses jeunes sœurs, adoucit par le charme de son influence ce qu'il peut y avoir de rudesse et d'emportement dans l'humeur de ses frères. A titre d'aînée, elle exerce une certaine autorité; mais cette autorité est celle d'une sœur, c'est-à-dire que, moins impérieuse que celle des parents, elle est surtout persuasive et conciliante. Ses leçons et ses exemples ont d'autant plus de pouvoir qu'elle semble toucher de plus près aux enfants; elle vit encore de leur vie ; elle reçoit leurs confidences, elle plaide quelquefois leur cause ; c'est une intermédiaire toujours bienveillante et dévouée entre les parents et les autres enfants. Elle offre aux enfants dans sa personne une image vivante du devoir, image dans laquelle ils se reconnaissent plus facilement tels qu'ils sont et tels qu'ils doivent être.)

## X

*Fontenelle disait d'un personnage dont il louait le caractère :*

*« Il était d'une humeur agréable même dans son intérieur. »*

*Expliquer cette parole.*

**Plan.** — 1. *Même dans son intérieur....* En effet, il est des gens qui réservent pour les étrangers, pour les indifférents, pour le monde, leur amabilité et leurs grâces souriantes. Dans leur intérieur, ils sont brusques, maussades, fantasques. C'est là un tort léger en apparence, mais beaucoup plus grave au fond qu'il ne le paraît.

2. Ces gens-là, sans doute, peuvent remplir avec exactitude, et même avec dévouement, leurs devoirs domestiques ; mais ils gâtent tout par leur mauvaise humeur. Leur vertu est d'apparence si désagréable qu'elle perd tout son prix. On dirait qu'ils se dédommagent ainsi de ce qu'elle leur coûte.

3. Quel charme peut offrir la vie de famille là où manquent l'égalité d'humeur, l'esprit de douceur et de tolérance, l'indulgence mutuelle, les prévenances délicates qui répandent même sur les plus petites choses un rayon de joie, de paisible et constante sérénité? Les petites choses sont l'étoffe dont la vie est faite.

4. A la longue, par un effet insensible de la mauvaise humeur, l'affection se refroidit et s'altère ; le cœur peu à peu se conforme au ton et au visage. L'indifférence arrive d'abord, laissant aux dissentiments et aux querelles la porte grande ouverte.

## XI

*Quels sont les devoirs des maîtres envers les domestiques?*

(Les maîtres ne doivent jamais oublier que les domestiques sont des personnes, et non des choses, et qu'ils sont tenus d'accomplir à leur égard les devoirs de justice et de charité. Politesse, indulgence, bonté, vigilance et confiance tout à la fois. Les bons serviteurs doivent être considérés, dans une certaine limite, comme faisant partie de la famille. Nécessité de surveiller les rapports des domestiques et des enfants).

## XII

*Des rapports entre les maîtres et les serviteurs ; expliquer cette parole de la* Déclaration des droits de l'homme :

*« Il ne peut exister qu'un engagement de soins et de reconnaissance entre l'homme qui travaille et celui qui l'emploie. »*

## XIII

*Développer cette maxime d'un philosophe ancien :*

*« Vis avec ton inférieur comme tu voudrais que ton supérieur vécût avec toi. »*

# DEVOIRS CIVIQUES

## I

*Qu'est-ce que la patrie? Quels sont les éléments qui la constituent? Quels sont les devoirs des citoyens envers la patrie?*

**Développement.** — On désigne souvent par le mot *patrie* le pays où l'on est né (*patria*, de *pater*, père). La patrie, dit-on, est une seconde mère. Mais la patrie existe partout où réside un groupe plus ou moins étendu de familles associées entre elles pour vivre sous les mêmes lois, pour se protéger mutuellement dans l'exercice de leurs droits, et pour accomplir en commun leur destinée. C'est le concours des volontés qui est l'élément essentiel et, pour ainsi dire, l'âme de la patrie.

Ce groupe d'hommes ainsi associé forme une nation. Ils habitent un territoire indépendant, séparé des autres par des frontières naturelles (montagnes, fleuves, mers), ou par des frontières artificielles (forteresses, travaux de défense, limites fixées par les traités). L'unité géographique, qui détermine par la configuration même du sol, les frontières naturelles d'un peuple, est un puissant moyen de défense et une garantie d'union ; mais cette condition n'est point indispensable à l'existence de la patrie ; l'exemple de la Hollande, de la Belgique et de la Suisse en est la preuve.

Ainsi, communauté des lois, concours des volontés, possession d'un territoire indépendant, telles sont les conditions essentielles qui constituent la patrie. Mais dans l'idée de patrie il entre encore d'autres éléments qui ont leur importance.

C'est la communauté de race, qui rapproche instinctivement les hommes issus d'une même origine; la communauté de langue, de mœurs et de coutumes, qui unit par des rapports plus familiers et plus intimes les membres d'une même nation; la communauté de croyances religieuses, un des liens les plus forts qui puissent exister entre les hommes. Mais tout cela ne constitue point la patrie : la France est peut-être le pays où l'unité politique est le plus solidement établie; et cependant il s'en faut que tous les français soient sortis de la même race, qu'ils aient les mêmes coutumes au midi et au nord, qu'ils professent les mêmes croyances religieuses; ils n'en sont pas moins tous animés d'un amour égal pour la commune patrie. Devant le patriotisme, toutes ces distinctions s'effacent.

Le patriotisme est un mélange d'affection et de raison; il repose à la fois sur la physiologie et sur la psychologie. Sans doute, certaines conditions naturelles poussent un certain nombre d'hommes à s'associer entre eux plutôt qu'avec d'autres; mais c'est la raison, c'est la volonté, c'est le sentiment des devoirs communs, qui consacrent l'œuvre de la nature. C'est la liberté humaine qui crée et fait vivre ces grands corps vivants qu'on appelle les sociétés civiles et politiques.

Tous les membres de cette association, unie par des intérêts communs et des lois communes, contractent envers elle, en retour des garanties et des avantages qu'elle leur assure, certaines obligations.

Ces obligations constituent les devoirs des citoyens envers la patrie.

Le citoyen est tenu de contribuer de sa personne, de son intelligence et de ses biens, à la défense du sol, à la prospérité publique, à l'honneur national, au maintien de la loi et à la conservation de l'ordre social.

Il doit donc à la patrie :

1. Le service militaire. La guerre est une triste nécessité que les peuples devront subir longtemps encore. Toute nation, quelque soit son amour de la paix, doit toujours être prête à la guerre. De là, l'obligation qui s'impose à chaque citoyen, non seulement de courir à la frontière pour défendre la patrie menacée, mais de se préparer, par l'apprentissage des vertus militaires, courage, patience, respect de la discipline, à l'accomplissement de ses devoirs de soldat.

2. Le paiement de l'impôt. La patrie a besoin d'argent pour pourvoir à tous les services publics, armée, justice, travaux de toute espèce. Cet argent, ce sont les citoyens qui le fournissent. En payant les impôts votés par les représentants de la nation, chaque citoyen contribue pour sa part aux dépenses faites dans l'intérêt commun, et dont chacun profite.

3. Obéissance aux lois. Il y a deux sortes de lois : 1° les *lois civiles*, qui règlent les rapports des citoyens entre eux, assurent le respect des personnes et fixent la formule des devoirs de justice. Respecter les lois civiles, c'est respecter la justice elle-même. 2° Les *lois politiques*, qui règlent les rapports des citoyens et de l'État, fixent la forme du gouvernement ; lois dont l'ensemble s'appelle *la Constitution*. Les lois politiques sont, ou doivent être, l'expression de la volonté nationale, c'est-à-dire de la volonté du plus grand nombre. Il n'est permis à personne de les renverser par la force ; mais tous ont le droit, et même le devoir, de travailler par les voies légales, à les améliorer, ou même de s'efforcer, par la libre discussion, de faire prévaloir leurs préférences politiques. Rien ne saurait justifier un attentat contre la Constitution ; ce qu'on appelle un coup d'état n'est autre chose qu'un crime. Mais ce n'est pas assez de respecter

les lois; un citoyen est tenu de les défendre, quand on les attaque, et de prêter main forte à l'autorité.

4. L'obligation de voter. Aucun citoyen n'a le droit de se désintéresser du sort de la patrie. Tous ont le droit d'exprimer leur avis sur la marche des affaires, et doivent répondre quand la patrie les consulte. S'abstenir par indifférence, voter par hasard et sans réflexion, c'est décliner la responsabilité attachée au titre de citoyen libre, c'est abdiquer honteusement ses droits.

Tels sont les devoirs stricts que le patriotisme nous impose. Mais le véritable patriotisme ne se renferme point dans ces limites étroites. L'homme qui aime sa patrie met toutes ses facultés à son service; il travaille de toute son énergie, dans la mesure de ses forces, à la rendre puissante et glorieuse, à l'enrichir par son activité, à l'honorer par ses œuvres, à conjurer, au dedans et au dehors, les périls qui peuvent la menacer.

## II

*Développer cette pensée de J.-J. Rousseau :*

*« C'est par la petite patrie, la famille, que l'homme s'attache à la grande patrie. »*

## III

*Que pensez-vous de cette parole : « La patrie est là où l'on est bien? »*

(Parler ainsi, c'est méconnaître un des instincts les plus forts de la nature humaine; il y a peu d'hommes qui se trouvent heureux loin de leur patrie. (La nostalgie). Celui qui adopterait cette maxime ne serait qu'un égoïste désireux de se soustraire aux obligations que le patriotisme impose.)

## IV

*On demandait à Socrate de quel pays il était : il répondit, non pas « d'Athènes » mais « du monde ». Dire ce qu'il y a de juste et de faux dans cette réponse.*

**Plan.** — 1. Dans la cité antique, l'amour de la patrie était le plus souvent un sentiment étroit et exclusif. Les Athéniens, comme tous les Grecs, comme les Romains, appelaient barbares tous les étrangers. On comprend donc qu'un sage comme Socrate ait protesté contre cet injuste dédain, et qu'il ait voulu rappeler à ses concitoyens que tous les hommes sont frères.

2. Oui, tous les hommes sont frères, par cela seul qu'ils sont hommes; nous sommes tenus, par respect pour la dignité humaine, de pratiquer envers tous les devoirs de justice et de charité ; mais nous nous devons tout d'abord à nos concitoyens. C'est notre patrie qui nous a faits ce que nous sommes, c'est elle qui a droit, avant tout autre pays, à notre dévouement.

3. De même que la petite patrie, la famille, nous attache à la grande, de même le patriotisme bien compris et bien pratiqué est l'école de toutes les vertus sociales. C'est en aimant et en servant ceux qui nous touchent de plus près que nous apprenons à aimer et à servir tous les hommes.

4. Travailler à la grandeur et à la prospérité de la patrie, c'est travailler au bonheur de l'humanité tout entière. Les progrès réalisés par un peuple dans l'ordre intellectuel et moral, dans les sciences, dans l'industrie, profitent à tous les autres.

5. L'homme qui se dit citoyen du monde est bien près, dans les jours d'épreuve, de trahir les intérêts de sa patrie et d'accepter le joug de l'étranger.

6. Conclusion : avant d'être citoyen du monde, il faut être citoyen d'un nation.

## V

*Quelques gens disent : « Voler l'État ce n'est pas voler. » Qu'en pensez-vous ?*

(L'État comprend l'ensemble des citoyens ; c'est un être collectif composé d'une foule de membres ; donc, voler l'État c'est voler tout le monde.)

## VI

*Quel est le fondement de l'autorité publique ? Quelles sont les limites de cette autorité ?*

**Plan.** — 1. L'organisation sociale suppose nécessairement l'existence d'une autorité. Sans l'autorité, les individus agglomérés sur un territoire ne formeraient qu'une multitude confuse, un immense troupeau d'hommes. C'est l'autorité qui maintient l'ordre, assure la sécurité et protège les droits de chacun.

2. L'autorité est exercée par un certain nombre d'hommes qui sont les chefs de la communauté et qui gouvernent l'État. Ils ont entre les mains la puissance publique. Quel est le fondement de leur autorité? C'est la volonté nationale librement exprimée.

3. Réfuter les systèmes qui donnent pour fondement à l'autorité publique soit *le droit divin*, système suivant lequel Dieu lui-même aurait délégué à un homme et à la famille de cet homme l'exercice héréditaire de la souveraineté ; soit *la force*, qui ne saurait conférer un droit ; soit enfin une *convention arbitraire*, ou *contrat social*. (C'est le système J.-J. Rousseau, système erroné. La législation ne doit-être que la traduction

des droits et des devoirs antérieurs et supérieurs aux lois positives. D'ailleurs, un contrat n'engagerait que les contractants.)

4. C'est donc dans la nation que réside la souveraineté ; c'est de la nation que les gouvernants tiennent leur pouvoir; ils ne sont que les mandataires délégués du peuple souverain. La souveraineté du peuple a été proclamée par l'Assemblée Constituante de 1791. Cette souveraineté, le peuple ne peut, de nos jours, l'exercer directement, comme dans les petites cités de l'antiquité; il l'exerce indirectement par ses représentants.

5. L'autorité publique, que les citoyens délèguent à leurs représentants, a pour limite la justice. Elle est tenue de respecter les droits naturels, inaliénables, inhérents à la nature humaine. La volonté générale, dont émane l'autorité, est soumise, comme les volontés particulières, à la loi morale, contre laquelle les décisions de la majorité ne sauraient prévaloir.

## VII

*Réfuter cette maxime :*

« *Tout devient légitime et même vertueux pour le salut public.* »

## VII

*Qu'est-ce que l'Etat? Quel est le rôle, quelles sont les attributions de l'Etat?*

**Plan.** — 1. Définition. On peut considérer l'État comme l'ensemble des citoyens réunis, au sein d'une patrie commune, sous les mêmes lois et sous le même gouvernement ; mais on désigne plus spécialement par le nom d'Etat l'élément qui représente, dans l'Etat lui-même, les pouvoirs publics, c'est-à-dire les mandataires de la nation, autrement dit les gouvernants.

2. Quel est le rôle de l'Etat?

L'Etat doit assurer la sécurité générale et le libre exercice des droits individuels. (Liberté, égalité.)

3. Mais l'Etat n'est pas simple gardien de l'ordre; il doit prendre en main la haute direction des intérêts généraux de la nation, intérêts matériels, intellectuels et moraux. Tout en laissant à l'initiative individuelle la part la plus large possible, il doit se charger de toutes les grandes entreprises qui intéressent la prospérité et l'honneur du pays. (Armée, travaux publics, relations diplomatiques, instruction, etc.).

4. Il doit enfin exercer une fonction de bienfaisance et de fraternité; il doit intervenir pour prendre les mesures générales d'humanité qui réclament de grandes ressources et une action régulière. (Institutions de bienfaisance).

5. Les grands pouvoirs publics, qui sont les attributs de la souveraineté et dont l'Etat est investi, sont le pouvoir législatif, qui fait les lois; le pouvoir exécutif, qui les exécute; le pouvoir judiciaire, qui en punit la violation.

6. Les citoyens doivent aider et soutenir l'Etat dans l'accomplissement de sa tâche, et ne pas entraver son action par une opposition irréfléchie et par d'injustes exigences; mais ils doivent aussi contrôler les actes des gouvernants et poursuivre devant les tribunaux tout *abus de pouvoir*. Ils doivent enfin ne pas regarder l'Etat comme un bienfaiteur universel, une sorte de providence, de qui l'on ait le droit de tout attendre, mais compter avant tout sur eux-mêmes et sur leur activité.

## IX

*Marquer la différence entre les droits naturels, les droits civils et les droits politiques.*

**Plan.** — 1. Les droits naturels sont ceux que tout homme apporte en naissant; ils dérivent de sa qualité de personne morale.

2. Les droits civils, ce sont d'abord les droits naturels, les droits inviolables de la personnalité humaine, consacrés par les lois écrites ; ce sont aussi les droits qui dérivent de la famille, de la propriété, du travail, des contrats. (Etablir la différence entre la loi naturelle et la loi civile).

3. Les droits politiques ou civiques sont attachés particulièrement à la qualité de citoyens : le droit d'être électeur et éligible, d'être juré, le droit de pouvoir remplir toutes les fonctions publiques, civiles et militaires. La possession des droits politiques est la garantie des droits civils. Là où le pouvoir appartient à un homme ou à une minorité, les lois usuelles qui régissent les intérêts privés, c'est-à-dire les droits civils, sont à la merci de cet homme ou de cette minorité. Sous le despotisme, il n'y a pas de garantie pour les droits civils.

4. Suivant l'article 7 de notre code national, l'exercice des droits civils est indépendant de la qualité de citoyen. Les hommes, les femmes, les enfants, qui ont la qualité de français, jouissent des droits civils. Les citoyens seuls jouissent des droits politiques.

## X

*Etablir la différence entre le sujet et le citoyen.*

(Le citoyen obéit aux lois, qu'il a consenties ou qu'il a faites ; le sujet est soumis au bon plaisir d'un maître. Le citoyen a des droits politiques ; il nomme lui-même ses représentants, c'est-à-dire les hommes à qui il délègue l'autorité ; le sujet n'a point de droits politiques, il subit un pouvoir imposé par la force. Le citoyen jouit de la liberté politique ; le sujet n'a de liberté politique que celle que le souverain veut bien lui laisser. Les droits civils du citoyen sont garantis par la constitution ; les droits civils du sujet sont à la merci du souverain. Les citoyens sont égaux en droits; les sujets n'ont que l'égalité dans la servitude. L'Etat est fait pour les citoyens; les sujets sont faits pour le maître).

## XI

### *Expliquer la devise républicaine :*
### *« Liberté, égalité, fraternité. »*

**Plan.** — 1. *Liberté.* « La liberté, dit la déclaration des droits de l'homme de 1789, consiste à pouvoir faire tout ce qui ne nuit pas à autrui. » L'Etat républicain garantit donc à chacun : la liberté individuelle, la liberté et l'inviolabilité du domicile, la liberté de conscience et des cultes, la liberté du travail, la liberté d'association, les libertés politiques. Chacune de ces libertés n'a de limite que le droit d'autrui.

2. *Egalité.* L'Etat républicain, en assurant la liberté, assure aussi l'égalité. Si les hommes sont inégaux par les forces physiques et par l'intelligence, ils sont égaux à titre de *personnes*; ils sont respectables au même degré parce qu'ils portent le caractère sacré de la personne morale. Il ne s'agit donc pas ici d'une égalité absolue, telle que la rêvent quelques utopistes, mais de l'égalité des droits. Tous les citoyens sont égaux devant la loi civile et politique qui protège, comme devant la loi qui punit; tous sont admis à exercer les fonctions publiques sans autre distinction que « la capacité, les talents et les vertus, » suivant les termes de la Constitution de 1791.

3. *Fraternité.* L'Etat républicain accorde aux citoyens que le malheur accable aide et protection pour la conservation et le développement de leur vie physique : (institutions de bienfaisance, hospices pour l'enfance délaissée, pour les malades et les vieillards sans ressource;) aide et protection pour le développement de leur vie intellectuelle et morale. Enfin, la charité inter-

vient jusque dans la répression des crimes : à côté du droit de punir, elle met le devoir de corriger; elle adoucit, dans la mesure où la justice le permet, la rigueur des lois pénales.

4. En résumé « respecter les droits d'autrui et faire du bien « aux hommes, être à la fois juste et charitable, voilà la morale « sociale dans les deux éléments qui la constituent. Voilà pour- « quoi la Révolution Française, qui a recueilli et accru tous « les progrès de la philosophie morale et politique, après avoir « écrit sur son drapeau la liberté et l'égalité, y a joint le grand « nom de la fraternité. » (V. Cousin.)

## XII

*Expliquer cette pensée de Bossuet :*

*« Où tout le monde peut faire ce qu'il veut, nul ne fait ce qu'il veut ; où il n'y a point de maître, tout le monde est maître ; où tout le monde est maître, tout le monde est esclave. »*

## XIII

*Expliquer ce mot de Cicéron :*

*« C'est pour être libres que nous devons être esclaves des lois. »*

## XIV

*Suivant Montesquieu : « La République est le gouvernement de la vertu. » Que veut-il dire par là ?*

(« Cela ne signifie pas que dans une république tout le monde « soit nécessairement vertueux, ni même que ceux qui gou- « vernent soient toujours vertueux ; cela veut dire que, chez les « uns et chez les autres, la sagesse, la modération, le respect

« des lois, le dévouement à la patrie, doivent l'emporter, sans « quoi la communauté est en péril. » (H. Marion).

## XV

*Définir les attributions du pouvoir législatif, du pouvoir exécutif, du pouvoir judiciaire.*

**Plan.** — 1. La séparation des pouvoirs est un des grands principes de notre droit public.

Ce principe a été inscrit dans toutes les constitutions qui se sont succédé en France depuis la Révolution. « Toute société, « dans laquelle la garantie des droits n'est pas assurée et la « *séparation des pouvoirs déterminée,* n'a pas de constitution. » (Assemblée nationale de 1789.) Montrer que cette règle politique est la sauvegarde de la liberté ; les dictatures ne sont que des confusions de pouvoirs.

2. Le pouvoir législatif est chargé de faire les lois, de les modifier, et de les abroger, s'il y a lieu. (Dire quels sont les caractères d'une bonne loi.)

3. Le pouvoir exécutif promulgue les lois et les fait exécuter ; il nomme et révoque les fonctionnaires ; il est chargé, d'une manière générale, de la direction des affaires. (Les divers Ministères). Le pouvoir exécutif est le gouvernement proprement dit.

4. Le pouvoir judiciaire est chargé de la répression des délits et des crimes. (Fondement et limites du droit de punir.)

## XVI

*Quelles sont les conditions d'une bonne loi?*

**Plan.** — 1. La loi écrite doit être avant tout conforme à la justice et à la morale. (Montrer que la loi écrite repose sur le droit naturel.)

2. Elle doit être égale pour tous, s'appliquer à tous les citoyens sans distinction.

3. Avoir pour but l'intérêt général, le progrès, l'amélioration physique, intellectuelle et morale des citoyens.

4. Etre appropriée au tempérament, au caractère, aux mœurs, aux traditions historiques du peuple pour lequel elle est faite.

## XVII

*Développer cette pensée:*

*« Toutes les institutions sociales doivent avoir pour but l'amélioration physique et morale de la classe la plus nombreuse et la plus pauvre. »*

## XVIII

*Sur quels principes s'appuie le droit de punir attribué à la société? Quelles sont les limites de ce droit?*

1. Le droit de pénalité qu'exerce la société a sa base dans l'idée rationnelle de démérite. On ne peut, en effet, fonder uniquement ce droit sur l'intérêt de la société. Dans cette hypothèse, la pénalité serait *arbitraire* et *inutile*; *arbitraire*, car si elle n'a pour base l'idée immuable de l'ordre et du devoir, d'où résultent la justice et la nécessité morale du châtiment, il est impossible d'en établir la légitimité; le prétendu droit de la société ne serait plus que le droit de la force; *inutile*, car pour que la peine corrige, pour qu'elle produise l'amélioration du coupable et le bienfait de l'exemple, il faut qu'elle soit acceptée comme juste; sinon, plus elle serait terrible, plus celui qui la subirait exciterait la sympathie.

2. La société a donc le droit de punir; mais quelles sont les

limites de ce droit ? D'abord la société n'est investie du droit de punir que pour protéger la liberté en imposant une juste réparation à ceux qui la violent. Toute faute qui n'est pas contraire à la justice et ne porte pas atteinte à la liberté échappe donc à la vindicte sociale.

3. « Le droit de punir n'est pas non plus le droit de se venger. « Rendre le mal pour le mal, demander œil pour œil, dent pour « dent, est la forme barbare d'une justice sans lumière.... Ce « n'est pas la douleur ressentie par la victime qui réclame une « douleur correspondante, c'est la justice violée qui impose au « coupable l'expiation de la souffrance. » (V. Cousin).

4. Enfin, la société ne doit pas oublier que l'homme coupable est un homme encore, c'est-à-dire un être raisonnable, capable de comprendre le bien et le mal, de se repentir et de se réconcilier un jour avec l'ordre. Même envers ceux qui violent ses lois, la société a encore des devoirs de charité.

## XIX

*Expliquer cette pensée :*

« *Le droit de punir est tout aussi légitime que l'ordre social et le pouvoir social ; il est, comme eux, une loi morale imposée à l'espèce humaine.* »

(Rossi).

## XX

*Que faut-il entendre par ces mots :* « LA VINDICTE SOCIALE ? »

(*La vindicte sociale*, mot par lequel on désigne la poursuite d'un crime au nom de la société, n'est pas une vengeance. La société ne se venge pas ; elle n'en a pas plus le droit que l'individu. La vindicte sociale est une revendication des droits de l'individu et de la société (*vindicare, vindicta*).

Fondement et limites du droit de punir.)

## XXI

*Du caractère moral de la peine; quelles sont les conditions nécessaires à la peine pour qu'elle soit juste et salutaire?*

**Plan.** — 1. La peine reposant sur le démérite, il faut tout d'abord que celui qui subit la peine ait démérité, qu'il soit réellement coupable. Aucune considération, ni l'intérêt du plus grand nombre, ni le salut public, ni le sentiment de la vengeance, ne saurait justifier le sacrifice d'un innocent.

2. Il faut que la peine soit infligée par un pouvoir légalement investi du droit de punir qui représente la justice armée de la force. Aucun individu, aucun groupe de particuliers, n'a le droit de se substituer à l'autorité judiciaire.

Rappeler que la vindicte légale ne peut elle-même atteindre que les attentats contre le droit; elle ne peut sévir contre le mensonge, l'intempérance, la mollesse, l'égoïsme, sinon quand ces vices deviennent préjudiciables à autrui; tout châtiment qui n'aurait pas pour but la protection des droits serait injuste.

3. Il faut que la peine soit proportionnée à la faute et au degré de responsabilité du coupable.

4. La peine doit laisser au coupable le moyen de réparer son crime et servir, autant qu'il est possible, à son amélioration.

5. A ces conditions, la peine est juste; elle a une utilité sociale, puisqu'elle détourne du crime par la terreur de sa menace; elle a une utilité personnelle, puisqu'elle régénère le coupable par l'expiation : par suite, elle est morale.

## XXII

*Expliquer cette pensée de Pythagore :*

*« Eclairez les hommes pour n'avoir pas à les punir. »*

## XXIII

*Qu'est-ce que le devoir professionnel ?*

**Plan.** — 1. La société repose sur un échange de services. Chacun des membres de la société travaille pour les autres, de même que les autres travaillent pour lui; chacun, selon ses aptitudes ou les circonstances, exerce un métier, remplit un emploi, et reçoit en retour un salaire (Exemples.)

2. Chaque citoyen est tenu d'accomplir scrupuleusement la tâche qui lui est échue; sinon, il manque au devoir professionnel, il reçoit plus qu'il ne donne, en un mot, il vole. (Exemples : l'ouvrier, le marchand, le médecin, l'avocat, l'instituteur, etc.)

3. Montrer que, en certaines circonstances, le zèle dans l'accomplissement du devoir professionnel peut et doit aller jusqu'à l'héroïsme. (Exemples).

## XXIV

*Les femmes ont-elles des devoirs patriotiques?*

**Plan.** — 1. Le patriotisme des femmes se montre pendant la guerre; soins aux blessés, encouragements aux fils, aux frères, aux maris que le devoir appelle à la frontière.

2. Pendant la paix, on peut dire que tous les devoirs remplis par les femmes sont des devoirs patriotiques. C'est à la mère qu'est confié le soin de former le cœur de ses enfants; et cette éducation, la première de toutes, suit l'homme partout, dans la vie publique comme dans la vie privée. Tant vaut l'homme, tant vaut le citoyen. Si la vertu humaine trouve au dehors les crises héroïques où elle s'exalte, c'est au dedans, au sein de la vie de famille, qu'elle a son principe et son foyer. La mère peut

et doit enseigner à ses enfants l'amour de la patrie, remplir leur cœur des souvenirs glorieux ou douloureux de l'histoire nationale. Ces premières impressions que l'enfant reçoit de la mère, ne s'effacent jamais.

4. Certes, la femme n'a pas à intervenir directement dans les débats politiques, dans cette mêlée d'intérêts et de passions faite pour une virile activité; mais elle peut exercer sur la marche des affaires publiques une influence bienfaisante, donner un conseil utile, désarmer les colères, flétrir les bassesses. Quelle force peut résister à la grâce parlant le langage de la justice et de la raison?

5. L'instruction morale et civique n'est pas moins nécessaire aux femmes qu'aux hommes. Pour s'associer aux idées, aux sentiments, aux actes de l'homme qui ont rapport à la morale sociale et politique, il faut qu'elle en comprenne les principes. Pour élever ses enfants de manière à en faire des hommes et des citoyens, il faut qu'elle entende clairement le sens de ces mots : l'humanité, la patrie, la cité.

## XXV

*Expliquer cette parole :*

« *Toute la destinée de la femme se résume en ces mots : épouse et mère d'un citoyen.* » (M^me de Rémusat).

## XXVI

*Montrer comment la morale doit régler les rapports des nations entre elles ; dire ce qu'il faut entendre par le droit des gens.*

**Plan.** — 1. Les nations peuvent être considérées comme des personnes morales; elles ont donc les unes envers les autres les mêmes obligations naturelles, obligations fondées sur la justice et l'humanité, comme les devoirs et les droits des individus.

2. La morale prescrit aux nations de se respecter les unes les autres dans leur existence, dans leur liberté, dans leurs possessions, dans leur honneur.

3. Ces règles d'équité, empruntées de la morale naturelle, ont composé à l'origine *le droit des gens* (*gens, nation*) ou *droit international*. Les principes du droit des gens ont été depuis déterminés par des conventions spéciales, par des traités, par des usages qui ont force de loi dans le monde civilisé. C'est ce qu'on pourrait appeler *le droit des gens positif*.

4. Les temps modernes ont vu s'accomplir un progrès sensible de la justice et de l'humanité dans les rapports entre tous les peuples. Exemples : principe de l'équilibre européen, principe des nationalités, droit des neutres, abolition de la traite des noirs, liberté des mers et liberté de commerce maritime ; traités de commerce ; adoucissement des rigueurs de la guerre, respect des prisonniers, neutralité des infirmiers militaires sur les champs de bataille ; réprobation de plus en plus générale des abus de la force.

5. Du rôle de la France dans l'œuvre collective du progrès et de la civilisation. C'est à la France que revient l'honneur d'avoir protesté contre *le droit de conquête*, et proclamé le principe que les peuples ont le droit de disposer d'eux-mêmes.

6. Devoirs des nations entre elles pendant la guerre : réduire la guerre au minimum de dommages possible ; pendant la paix : travailler de toute leur énergie à l'amélioration matérielle, intellectuelle et morale de la grande famille humaine. Montrer comment le patriotisme doit se concilier avec l'amour de l'humanité et le sentiment de la fraternité universelle.

# QUESTIONS GÉNÉRALES D'ÉDUCATION

## I

*Montrer l'utilité de la psychologie pour la science de l'éducation.*

**Plan.** — 1. Quel est le but de l'éducation? Élever l'homme au plus haut degré que sa nature comporte « mettre au jour l'idéal de la personne humaine » (J.-P. Richter). Pour cela, il est d'abord nécessaire de résoudre cette question : qu'est-ce que l'homme? Quelle est sa nature ?

2. Le but de l'éducation une fois déterminé, comment l'atteindre? Il faut étudier les facultés de l'enfant et la manière dont elles se développent; nécessité de la *psychologie de l'enfant.* Cet enfant, de plus, est un élève; comme tel, il apporte des dispositions favorables ou défavorables qu'il convient d'étudier; ensuite, dans la vie d'école apparaissent certains faits spéciaux, tels que l'émulation et la jalousie, l'influence de l'exemple, les effets de la discipline, etc. De là, nécessité de ce qu'on pourrait appeler la *psychologie de l'écolier.*

3. A l'observation psychologique de ses élèves, le maître devra joindre l'étude de lui-même, de ses propres tendances, de ses habitudes intellectuelles et morales, de ses défauts personnels. A la psychologie de l'écolier doit s'ajouter la *psychologie du maître.*

4. Enfin, de la manière dont sont résolus les principaux problèmes de la psychologie dérive logiquement tel ou tel système d'éducation. L'âme est-elle naturellement portée au bien, comme le croyait Rousseau, ou au mal, comme le croyaient les Jansénistes? Dans le premier cas, la part de la vigilance est réduite outre mesure; dans le second, la sévérité est exagérée. L'intelligence humaine va-t-elle du concret à l'abstrait, ou de l'abstrait au concret? De la réponse à cette question dépend l'emploi raisonné de la méthode intuitive et des procédés abstraits. En distinguant nettement les facultés de l'âme par leurs caractères propres, en observant l'influence réciproque qu'elles ont les unes sur les autres, on n'est exposé ni à ravaler les plus hautes au rang des moins nobles, ainsi que le faisaient les sensualistes, ni à les séparer radicalement comme si elles n'avaient pas besoin les unes des autres pour se développer. (Erreur de J.-J. Rousseau dans l'*Emile*).

5. Sans doute, les observations personnelles, l'instinct et les aptitudes naturelles sont d'une grande importance dans la science de l'éducation; mais la théorie psychologique guide d'une manière sûre et précise l'observation personnelle et les aptitudes naturelles; elle substitue des principes à des conjectures plus ou moins hasardeuses; elles nous fait remonter aux sources mêmes de la science de l'éducation; elle explique et justifie les règles pratiques, dont elle fait voir la raison, le sens et la portée.

## II

### *Montrer les différences et les rapports de l'instruction et de l'éducation.*

**Plan.** — 1. L'instruction a pour objet le développement des facultés intellectuelles (jugement, mémoire, raisonnement, imagination) et l'acquisition de toutes les connaissances utiles.

2. L'éducation (*e ducere*, faire sortir de, tirer dehors et en haut les germes naturels), est, dans un sens très général, l'art de diriger le développement des êtres vivants; dans un sens plus restreint, c'est l'art de développer, en les inclinant vers le bien, les instincts naturels de l'homme.

3. Ainsi, l'instruction s'adresse à l'intelligence, l'éducation proprement dite s'adresse au cœur : l'instruction éclaire et dirige la raison, l'éducation fortifie et règle la volonté.

4. Mais l'homme est un ; de même la science qui a pour objet de l'élever et de l'instruire, doit être une. Il serait donc plus logique d'appeler cette science du nom général d'éducation, en la divisant dans la pratique en éducation physique, intellectuelle et morale. Les facultés humaines doivent former, après leur entier épanouissement, le tout harmonique qui constitue l'homme à la fois sain, instruit et moral.

5. Rapports de l'instruction et de l'éducation ; il faut éclairer la raison de l'homme pour lui apprendre à diriger sa volonté. L'homme instruit se respecte et grandit dans sa propre estime. L'instruction devient un frein pour ses passions et lui inspire le goût des nobles choses ; elle lui fait connaître sa destinée et lui donne les moyens de l'accomplir ; comme on l'a dit souvent : « savoir, c'est pouvoir ».

## III

*Expliquer cette parole :*

*« L'instruction fait les savants, l'éducation fait les hommes. Cette distinction entre l'instruction et l'éducation ne vous semble-t-elle pas trop absolue ? »*

## IV

*Développer cette pensée :*

*« Le but de l'éducation doit être de faire des hommes, de faire des citoyens, de faire des heureux. »*

## V

### *Expliquer cette parole de Bacon :*

*« L'homme peut à proportion de ce qu'il sait. »*

**Plan.** — 1. La science accroît le pouvoir de l'homme sur la nature. Par la science, il prévoit les phénomènes physiques, et, dans la mesure de ses forces, il en règle ou en détourne les effets. (Exemples.)

2. Dans l'exercice d'une profession, l'habileté pratique est en proportion du savoir. (Exemples.)

3. Influence morale de la science. C'est par la science que l'homme se connaît et se possède, qu'il règle ses instincts et s'affranchit de la tyrannie des passions, en un mot, qu'il devient maître de lui-même.

## VI

### *Qu'est-ce que la science? Qu'est-ce que le savoir scientifique? En quoi une connaissance scientifique diffère-t-elle d'une connaissance vulgaire?*

**Plan.** — La science est la connaissance *certaine, précise et méthodique*, des choses.

1. *Certaine.* — La science n'admet ni le doute, ni la probabilité; le doute n'est légitime que lorsque nous aspirons à en sortir pour arriver à la vérité. La science produit la certitude, laquelle ne comporte pas de degrés.

2. *Précise.* — Une vérité scientifique doit être exprimée dans un langage assez clair pour ne laisser aucune place à l'interprétation. Aussi un philosophe a-t-il pu dire, non sans quelque exagération, il est vrai, que la science n'est qu'une langue bien faite.

3. *Méthodique.* — La connaissance d'une vérité particulière et isolée n'est pas, à vrai dire, une connaissance scientifique. Les vérités scientifiques, dans quelque ordre que ce soit, se tiennent et s'enchaînent; elles forment un système. (Exemples.) Savoir scientifiquement, c'est connaître les causes et les effets.

4. Conclusion. — Une connaissance vulgaire est une connaissance par à peu près, une connaissance vague, mal établie, mal déterminée, qui laisse prise au doute, aux conclusions erronées, et qui le plus souvent demeure stérile.

## VII

*Pour quelles raisons ceux qui sont chargés d'instruire les enfants leur doivent-ils le plus grand respect ?*

**Plan.** — 1. Dans l'enfant, c'est l'homme qui est en germe. Tant vaut l'éducation, tant vaut l'homme. C'est donc la destinée d'un homme, d'un être moral, d'un citoyen, et par suite, l'avenir de la patrie et de la société, que tiennent en leurs mains ceux qui sont chargés d'instruire les enfants.

2. Les impressions de l'enfance sont profondes et durables; l'enfant est une cire molle; il importe donc que les leçons et l'exemple du maître ne laissent dans l'esprit et le cœur de l'enfant que des idées justes et élevées, des sentiments nobles et généreux.

3. Conclusion. — Obligation imposée au maître de se surveiller constamment lui-même dans sa manière d'enseigner, dans son langage, dans sa tenue, dans sa conduite.

## VIII

*Expliquer cette parole :*

« *Enseigner, c'est apprendre deux fois.* »

**Plan.** — 1. D'abord, enseigner les choses que l'on sait, c'est un moyen de les fixer dans sa mémoire.

2. Mais c'est surtout un moyen de les mieux savoir, de les éclaircir, de les posséder avec plus de netteté et de précision. Presque toujours on ne comprend bien et on ne pénètre à fond que ce dont on peut rendre compte par la parole. Le langage, comme on l'a dit, est un instrument d'analyse.

3. Les impressions de notre auditoire contribuent encore à nous avertir et à nous éclairer. Si ceux qui écoutent semblent ne pas comprendre, ou si leur attention languit, c'est souvent parce que la méthode d'exposition est défectueuse; celui qui enseigne ne suit pas un ordre régulier, ou s'exprime mal faute de bien concevoir; ou bien encore, il ne sait pas mettre en relief les points saillants d'une question, etc. C'est là une expérience utile qui nous apprend à mieux distinguer, classer et subordonner nos idées.

## IX

*Expliquer cette parole :*

« *Savoir interroger, c'est savoir enseigner.* »

**Plan.** — 1. Que de qualités il faut réunir, pour savoir interroger! D'abord, il faut connaître parfaitement les matières sur lesquelles on interroge, sous peine d'être pris en flagrant délit d'insuffisance.

2. Il faut choisir les questions et les restreindre à un point bien déterminé, en écartant toutes celles qui auraient quelque chose de vague, d'insaisissable, ou qui exigeraient un trop long développement. Il faut ensuite les poser nettement, sous une forme brève et précise.

3. Les interrogations doivent être variées dans la forme selon

les sujets. On n'interroge pas de la même manière sur l'arithmétique et sur la morale.

4. On doit également tenir compte, en interrogeant, du caractère et des dispositions de ceux à qui l'on s'adresse : il est des esprits qu'il faut exciter, d'autres qu'il faut retenir; il st des caractères timides qu'il est nécessaire d'encourager; il en est d'autres dont il est bon de rabattre la présomption.

5. Ainsi, connaissance des matières, choix discret des questions, netteté et précision dans le langage, discernement des caractères, voilà ce qu'il faut pour bien interroger : or, ne sont-ce pas là des conditions essentielles pour bien enseigner?

## X

*Qu'est-ce que l'interrogation socratique? De quelle utilité peut-elle être dans l'enseignement primaire?*

Distinguer l'interrogation socratique (ainsi nommée parce que le philosophe Socrate en faisait un fréquent usage) de l'interrogation ordinaire qui n'est qu'un moyen de constater si la leçon du maître a été bien comprise et bien retenue. L'interrogation socratique consiste à faire découvrir et quelquefois retrouver, puis développer, par l'élève lui-même, au moyen de questions bien amenées et bien posées, les vérités qu'on veut enseigner. Il est évident qu'on ne peut faire usage de ce procédé quand il s'agit de notions nouvelles, encore inconnues à l'enfant. L'interrogation socratique a surtout pour effet d'obliger l'élève à réfléchir, à descendre en lui-même, à mettre de l'ordre dans ses idées, à lier ensemble les éléments épars et confus de ses connaissances.)

## XI

*Expliquer cette maxime :*

*« L'éducation qu'on donne aux autres profite toujours à soi-même. »*

**Plan.** — 1. En instruisant les autres de leurs devoirs, nous nous rendons plus familières à nous-mêmes les leçons de la morale ; nous vivons dans un commerce intime avec ce qu'il y a de plus noble, de plus élevé dans la pensée humaine.

2. Les exigences particulières de sa mission imposent à l'éducateur plus qu'à personne le sentiment et le respect de sa dignité.

3. Enfin, l'éducation que nous donnons aux autres nous oblige à faire un retour sur nous-mêmes, à nous mieux connaître ; en observant ce qui se passe dans l'âme de ceux que nous essayons de former au bien, nous y découvrons, par une sorte de psychologie comparée, le secret de nos propres faiblesses, la marche de nos passions et le germe de nos défauts.

## XII

*On a dit que l'instituteur à deux éducations à faire : la sienne et celle de ses élèves.*
*Expliquer cette parole.*

## XIII

*Expliquer cette pensée :*

*« Un des grands préceptes de l'éducation, c'est de ne pas trop éduquer, comme un des grands préceptes de la politique est de ne pas trop gouverner. »*

(Trop éduquer, c'est vouloir substituer sans cesse et partout l'autorité du maître à l'initiative de l'élève. Il faut, au contraire, solliciter l'intelligence et l'imagination de l'enfant, le mettre sur la voie de la vérité et l'y laisser ensuite marcher lui-même. Il faut diriger sa volonté et non la comprimer ; agir autrement, c'est faire comme ces gouvernements qui étouffent par leur despotisme les forces vives d'une nation, ou paralysent, par une intervention indiscrète et par des abus de réglementation, les efforts de l'activité individuelle.)

## XIV

*Que faut-il entendre par ces mots : éducation libérale, et comment l'école primaire peut-elle donner une éducation libérale ?*

1. *Éducation libérale* veut dire éducation digne d'un homme libre. Les anciens appelaient *libéral* tout ce qui distinguait l'homme libre de l'esclave. Une éducation libérale aura pour objet de mettre l'enfant en état de remplir sa destinée d'être raisonnable et libre. Elle comprendra toutes les connaissances indispensables pour former l'homme et le citoyen.

2. Une société composée d'hommes libres, et surtout une société démocratique, repose sur une communauté d'idées et de sentiments qui permet à tous ses membres de se rapprocher, de se respecter, dans les conditions les plus inégales. Il s'agit donc d'établir entre eux l'unité morale, unité qui n'exige point l'identité d'enseignement. Tous les futurs citoyens ne peuvent pas recevoir la même instruction ; mais cela n'est nullement nécessaire à l'égalité telle que l'entend la démocratie. Une société démocratique n'a pas besoin que tous ses membres soient des savants et des artistes ; il lui suffit qu'ils soient tous des hommes dans la haute acception du mot.

3. L'enseignement sera donc un et divers tout à la fois : divers, pour répondre aux différents besoins de la société ; un, pour assurer à chacun de ses membres l'éducation qui fait

l'homme. De là, nécessité d'un enseignement général et commun à toutes les classes de la société ; c'est celui que donne l'école primaire.

4. Montrer, par une revue rapide des programmes, que l'enseignement de l'école primaire renferme tous les éléments nécessaires pour fonder l'égalité morale des membres de la cité, pour faire de l'enfant un homme et un citoyen.

## XV

*Expliquer cette parole :*

*« La pédanterie est une variété de l'amour-propre. »*

## XVI

*Développer cette pensée :*

*« L'étude, la science, les arts, en élevant une âme, servent de contrepoids aux sentiments vaniteux qu'ils pourraient exciter. »*

## XVII

*Expliquer le sens de ce proverbe espagnol :*

*« Celui qui ne doute de rien ne sait rien. »*

## XVIII

*Que pensez-vous de cette parole :*

*« Nous avons des maîtres qui nous enseignent à parler ; nous n'en avons point qui nous enseignent à nous taire ? »*

## XIX

*Montrer l'importance de l'éducation physique, et en particulier les services qu'elle peut rendre à l'éducation intellectuelle et morale.*

## XX

*De la diversité des caractères; dans quelle mesure l'école doit-elle en tenir compte?*

(Nécessité d'une règle générale, discipline, bon ordre, enseignement commun; mais, dans les interrogations, exhortations, réprimandes, l'instituteur doit tenir compte du caractère particulier de ses élèves, de l'éducation première qu'ils ont reçue, des habitudes et des dispositions qu'ils apportent à l'école).

## XXI

*De l'éducation de la volonté chez l'enfant: comment l'école peut-elle y contribuer?*

(Diriger la volonté de l'enfant sans la briser, tel doit être le but de l'éducateur. Il faut amener l'enfant à vouloir de lui-même, avec énergie et persévérance, ce qui est juste et raisonnable; il faut l'habituer à plier sa volonté devant l'autorité légitime, devant le droit des autres, à sacrifier au devoir ses préférences et ses caprices. Montrer comment l'école peut contribuer à ce genre d'éducation).

## XXII

*Marquer la différence entre l'obéissance et la docilité.*

(L'obéissance peut s'imposer par la contrainte; la docilité ne s'obtient que par la persuasion. On obéit parce qu'il le faut; la docilité implique une adhésion volontaire et réfléchie à ce qui est juste et raisonnable. L'obéissance ne suppose pas nécessairement la confiance et le respect ; ce sont là, au contraire deux conditions essentielles de la docilité. L'obéissance se montre dans tel ou tel acte particulier ; la docilité est une disposition constante, une habitude morale qui persévère. Quand l'autorité ne se fait plus sentir, l'obéissance cesse, la docilité subsiste.)

## XXIII

*Expliquer les rapports du jeu et du travail, et tirer de cette étude des applications pédagogiques.*

(Le jeu et le travail sont de nature identique, en ce sens que le jeu, comme le travail, exige un grand déploiement d'activité. Si l'on sait varier le travail, l'imposer avec mesure, faire aimer à l'enfant l'effort même qu'il exige, on rend le travail presque aussi agréable que le jeu, parce qu'on y attache le plaisir qui naît de la satisfaction d'un instinct.)

## XXIV

*Dans quelle mesure convient-il de rendre le travail attrayant?*

(Distinguer le travail *attrayant* et le travail *amusant*. Il est bon d'amuser les tous jeunes enfants pour les instruire ; mais, à mesure que l'enfant grandit, il faut lui faire aimer le travail pour le travail lui-même, pour les satisfactions morales qu'il procure. On peut d'ailleurs, grâce à une méthode d'enseignement bien entendue, faire en sorte que les exercices d'une classe offrent de l'attrait aux écoliers de tout âge. (Exemples : la lecture, l'histoire, la géographie, les sciences.)

## XXV

*Du besoin de changement; en donner l'explication psychologique, et tirer de cette explication des conséquences pédagogiques.*

(L'homme fait avec plaisir ce que demande son activité naturelle; mais il ne dispose, pour chacun de ses actes, que d'une certaine somme de force et d'énergie. Cette somme épuisée, si l'effort se prolonge, si l'activité ne se tourne pas vers un autre objet, la douleur succède au plaisir. De là le besoin de changement, et aussi l'attrait de la nouveauté. Il est donc nécessaire, non seulement de varier les exercices de la classe, mais d'introduire dans chaque exercice le genre de variété qu'il comporte.)

## XXVI

*Que pensez-vous de l'opinion de quelques pédagogues qui défendent de faire appel à l'émulation ?*

## XXVII

*Développer cette pensée de Labruyère :*

*« Quelque rapport qu'il paraisse de la jalousie à l'émulation, il y a entre elles le même éloignement qu'entre le vice et la vertu. »*

## XXVIII

*Expliquer cette pensée d'un illustre pédagogue :*

*« De toutes les peines de l'éducation, il n'en est point de comparable à celle d'élever des enfants qui manquent de sensibilité. »*

(Sans doute, c'est là une tâche pénible pour le maître ; mais est-il vrai qu'il y ait des enfants qui manquent absolument de sensibilité ? N'est-ce pas plutôt que chez quelques enfants un certain égoïsme naïf a empêché de se développer les germes de sensibilité que la nature avait mis dans leur cœur ? Alors que doit faire le maître ?)

## XXIX

*Développer cette pensée :*

« *Il n'y a pas d'étude qui ne prête à la culture des sentiments.* » (O. Gréard.)

(Explication des textes de lecture, choix des exemples de grammaire, réflexions morales que ces exemples peuvent suggérer, enseignement de l'histoire, exercices d'invention et de composition.)

## XXX

*Expliquer cette pensée de Montaigne :*

« *Il faut s'enquérir qui est mieux sçavant, non qui est plus sçavant.* »

## XXXI

*Tirer quelques conséquences pratiques, applicables à l'enseignement primaire, de la maxime de Plutarque :*

« *L'enfant n'est pas un vase qu'il faille remplir, mais une âme qu'il faut former.* »

## XXXII

*De l'usage et de l'abus des exercices de mémoire.*

## XXXIII

*Montrer comment l'observation de la discipline à l'école peut être une préparation à l'observation de la loi.*

## XXXIV

*Qu'entend-on par sentiment du bien? Comment développera-t-on ce sentiment chez les enfants des écoles primaires?*

## XXXV

*De l'éducation des sens à l'école primaire.*

## XXXVI

*Du rôle de l'imagination dans l'instruction.*

## XXXVII

*Raconterez-vous aux enfants des contes de fées.*

(Les enfants aiment les contes et non les moins merveilleux. Leur propre imagination les anime de couleurs d'autant plus vives qu'ils connaissent moins la réalité et sont moins disposés à juger des choses d'après cette mesure... Sans doute, il y a d'absurdes contes de nourrices et des superstitions qui ne devraient jamais infester l'imagination des enfants. Mais, à côté de cela n'est-il rien qui leur convienne dans d'admirables légendes, dans la « légende des siècles? »... Ne proposer aux enfants qu'une plate vérité serait erreur et sottise : ils ne la verraient pas des mêmes yeux que nous. On n'arriverait qu'à les mettre dans le cas de dénaturer, par le mélange de leurs propres conceptions, les réalités qu'on leur montre. Ne vaut-il pas mieux que, par un tact déjà plus éveillé et plus conscient qu'on ne le dit, ils fassent le départ du domaine des contes et du domaine du vrai ?... Les enfants, par une sorte de discernement naïf, prennent des histoires ce qu'il leur en faut et y laissent bien des choses dont ils n'ont que faire... Assurément, ils ne comprennent pas tout, et c'est bien fait; mais l'idée se fait jour plus tard, et le charme demeure, qui n'eût jamais été senti sans la précocité de l'attachante lecture. » (G. Dumesnil).

## XXXVIII

*Montrer le parti que l'on peut tirer de la curiosité des enfants pour leur instruction.*

## XXXIX

*Montrer comment les enfants de la ville peuvent profiter d'une promenade champêtre, et ceux de la campagne d'une visite à la ville.*

## XL

*De la lecture à haute voix; importance de cette étude; comment apprendre aux enfants à bien lire?*

**Plan.** — 1. Apprendre à bien lire, c'est apprendre à apprendre et à bien retenir; apprendre à bien lire, c'est avant tout apprendre à comprendre. Il faut de bonne heure empêcher les enfants de contracter de mauvaises habitudes de diction et les accoutumer à en contracter de bonnes.

2. Au début, l'étude de la lecture doit avoir pour objet l'ex-

plication et l'application des règles de la prononciation, de l'articulation, de la respiration. Appliquer ces règles à la lecture de passages très simples, courts, et dont le sens soit bien compris.

3. Plus tard, on abordera ce qu'on peut appeler l'art de la diction. Les qualités qu'on veut développer chez les élèves sont des qualités de justesse, de clarté, de mérite; on doit avoir en vue des *lecteurs* et des *diseurs*, et non des *déclamateurs* et des *comédiens*. Ne choisir jamais, comme sujets d'exercices, des pièces de vers qui dépassent l'intelligence ou la mesure des sentiments de l'enfant.

4. Enfin, dans les dernières années de l'enseignement, le cours de lecture devra être en raccourci un cours de littérature. Chaque grand écrivain, ayant un style propre, exige une diction particulière. Apprendre à le bien lire, ce sera pénétrer dans le secret de son talent.

(Programme de l'enseignement secondaire des jeunes filles.)

## XLI

*Des signes en général et du langage en particulier : de l'influence du langage sur la formation des idées. Tirer de ces notions des applications pédagogiques.*

**Plan.**— 1. Un signe est un fait visible qui sert à représenter à notre esprit un objet absent ou invisible. Plus particulièrement, les signes sont les moyens extérieurs, naturels ou conventionnels, dont l'homme dispose pour manifester ses sentiments, ses idées, ses volontés. De tous les signes, le plus clair et le plus usuel est le langage, qui est un système de signes.

2. Il y a deux espèces de langage ; le langage d'action, qui comprend les jeux de physionomie, les gestes, le rire et les larmes; et le langage articulé, ou la parole, qui appartient en propre à l'homme, et qui représente avec promptitude, facilité

et précision les nuances les plus délicates du sentiment et de la pensée. Souplesse et variété merveilleuses du langage articulé.

3. Le langage articulé ne sert pas seulement à exprimer et à fixer la pensée ; il peut dans certains cas la faire naître et la développer. Le langage est un moyen d'analyse; il retarde la pensée, l'oblige à se produire dans un certain ordre, à s'accuser, à se préciser; il rend distinct ce qui était confus, et successif ce qui était simultané.

4. Conclusions pédagogiques :

1. Bien des erreurs ou des idées fausses, vagues, incomplètes, ont pour origine le défaut de précision dans le langage. Nécessité pour le maître de n'employer que des expressions justes, claires, ne disant ni plus ni moins qu'elles ne doivent dire. Nécessité d'habituer les enfants à se rendre compte du sens exact des mots et à ne pas les employer au hasard.

2. Nécessité de surveiller le langage et les expressions dont se servent les enfants. Influence des habitudes de langage sur les habitudes morales. « Un bon langage n'est pas seulement le « signe de l'éducation ; il devient, par le respect qu'il donne de « soi-même, un agent de perfectionnement moral. » (O. Gréard.)

## XLII

*Expliquer cette pensée :*

« *Un bon maître de lecture doit être le collaborateur de tous les autres* « *maîtres.* » (Programme de l'Enseignement secondaire des jeunes filles.)

## XLIII

*Une éducation serait-elle complète sans l'intelligence et l'étude des poètes ?*

## XLIV

*Expliquer cette pensée :*

*« Il est impossible de devenir très instruit si l'on ne lit que ce qui plaît. »*

## XLV

*Expliquer cette pensée :*

*« La conversation entretient l'esprit, la lecture le cultive ; seul le travail de la composition l'étend et l'augmente. »*

## XLVI

*De l'enseignement de l'histoire nationale ; son but, sa portée, méthode à suivre.*

## XLVII

*On dit que l'histoire doit être impartiale. Quelle est, à votre avis, la mesure de cette impartialité ? Doit-elle être poussée jusqu'à la plus entière indifférence ? Appliquez au professeur d'histoire ce que vous aurez dit de l'historien.*

## XLVIII

*La France élève des statues à ses grands hommes. Quelles réflexions, quels sentiments vous inspire cet hommage rendu à leur mémoire ? Quels enseignements peut y puiser la jeunesse ?*

## XLIX

*Expliquer cette parole :*

*« C'est dans le gouvernement républicain qu'on a besoin de toute la puissance de l'éducation. »*

17

L

*Discuter cette pensée :*

« *La science des femmes, comme celle des hommes, doit se borner à s'instruire par rapport à leurs fonctions ; la différence de leurs emplois doit faire celle de leurs études.* »

(« Dans une société démocratique incessamment transformée « par le travail, et où l'on ne tient compte à chacun que de sa « valeur propre, l'éducation n'a plus de privilèges : ouverte à « tous, filles ou garçons, elle doit être pour tous l'école de la « vie. Enfin, chaque jour, sous nos yeux, par le mouvement « naturel du progrès des idées sociales, la place de la femme « dans la famille et hors de la famille s'élargit et s'élève... « Notre constitution politique impose à la femme le devoir de « ne rester étrangère à aucune des graves questions qui « s'agitent autour d'elle, de ne se désintéresser de rien...

« Mais, il faut distinguer entre ce qu'il est possible de savoir « et ce qu'il n'est pas permis d'ignorer, entre ce qui peut être « l'agréable parure de l'esprit et ce qui doit en constituer le « fond...

« L'homme a besoin d'un fond de savoir solidement établi, « entretenu avec soin, souvent renouvelé, toujours prêt, qu'il « applique à ses fonctions, à son industrie, aux affaires « publiques ou privées, à toute la conduite de sa vie. Il n'en est « pas ainsi au même degré pour la femme. Ce qui lui est le plus « utile à elle-même et aux autres, ce qui vaut le mieux en elle, « ce n'est pas ce qui lui reste du savoir acquis, quelqu'en soit « le prix, toujours assurément fort estimable, c'est l'esprit « même que ce savoir a contribué à former. Le premier souci « d'une éducation bien dirigée doit être d'assurer à la jeune « fille cette haute culture morale qui crée la personne humaine.

« Les filles, à cet égard, ont les mêmes titres que les garçons. ») (O. Gréard, l'*Enseignement secondaire des Filles*, passim.)

## LI

*On vantait dans une réunion le savoir d'une jeune fille qui connaissait, outre sa langue maternelle, le latin, le grec et plusieurs langues vivantes. Une des personnes présentes demanda si elle savait coudre. Expliquer le sens et la portée de cette parole.*

## LII

*Développer cette pensée de Madame de Maintenon :*

*« En quelque condition que soit une fille, le goût de l'ouvrage lui est nécessaire. »*

## LIII

*Madame Sophie Gay disait à sa fille :*

*« Sois femme par la robe et homme par la grammaire. »*

*Expliquer cette parole.*

(Madame Sophie Gay voulait dire que la femme doit posséder une instruction solide, mais sans rien sacrifier de la douceur, des grâces et des qualités natives de son sexe).

## LIV

*Madame de Lambert disait à sa fille :*

*« Approuvez, mais admirez rarement : l'admiration est le partage des sots. »*

*Que pensez-vous de cette parole ?*

(Admirer sans comprendre est le fait d'un sot ; mais l'admiration sincère et réfléchie est un sentiment généreux et fécond).

## LV

*Développer cette pensée :*

« *L'objet de l'instruction primaire n'est pas d'embrasser, sur les diverses matières auxquelles elle touche, tout ce qu'il est possible de savoir, mais de bien apprendre de chacune d'elles tout ce qu'il n'est pas permis d'ignorer.* »

(O. Gréard).

## LVI

*On demandait à un montagnard des Pyrénées combien de temps il fallait pour parvenir à un des plus hauts sommets de la chaîne. Il répondit : « huit heures, si vous vous pressez ; six « heures, si vous ne vous pressez pas. »*

Expliquez le sens de cette réponse, et dites si vous pensez qu'elle puisse être appliquée au travail de préparation d'un examen.

# SUJETS DE MORALE ET DE PÉDAGOGIE

TIRÉS DES AUTEURS FRANÇAIS
INDIQUÉS PAR LES PROGRAMMES, ET DES PRINCIPAUX
ÉCRIVAINS CLASSIQUES.

---

## 1. — *Exposer et apprécier les idées de Montaigne sur l'éducation.*

**Plan.** — 1. Ce qui, entre tous les moralistes, distingue éminemment Montaigne, c'est la modération. Il critique avec beaucoup de vivacité l'abus de l'érudition, la fausse science, le pédantisme. Il veut que, au lieu de remplir la mémoire, on s'attache à former le jugement et l'esprit.

2. Il réclame une éducation générale et humaine. On doit s'efforcer de développer dans chaque individu les facultés qui font l'homme, avant de lui apprendre le métier qui fait le spécialiste. Il faut cultiver les sciences non pour elles-mêmes, mais afin de perfectionner la raison, afin de rendre l'homme « meilleur et plus advisé. » Montaigne ne semble pas avoir assez compris l'importance des hautes études, des lettres cultivées pour elles-mêmes, de la science désintéressée ; mais il nous a donné un tableau complet de ce que peut et doit être une éducation moyenne propre à la majorité des esprits.

3. Voilà le but de l'éducation : quels sont les moyens que propose Montaigne pour l'atteindre ?

Etude des langues modernes, voyages à l'étranger, éducation naturelle et non *livresque*; fréquentation des hommes; leçons de choses; usage discret de la lecture; appel constant à la réflexion personnelle; importance de l'éducation physique; nécessité de la douceur dans la discipline et de l'agrément dans les études.

4. L'homme formé par Montaigne sera un esprit curieux, prudent, avisé, tolérant, modéré en toutes choses. Ce qui lui manquera, ce sont les qualités du cœur, l'ardeur, la foi, l'esprit de sacrifice. Ce sera un épicurien aimable et soucieux de sa dignité. Tel était Montaigne lui-même. (D'après M. Compayré, *Histoire des doctrines de l'éducation*).

2. Expliquer cette pensée de Montaigne :

« Le but n'est pas de savoir beaucoup, mais bien. »

3. Peut-on appliquer à l'éducation le précepte de Montaigne :

« La sottise même et la faiblesse d'autrui lui sera instruction ; à con-
« tracter les façons de chacun, il s'engendrera envie des bonnes et mépris
« des mauvaises. »

4. Que pensez-vous de ces paroles de Montaigne :

« Je n'ai pas corrigé, comme Socrate, par la force de la raison, mes com-
« plexions naturelles ; je me laisse aller comme je suis venu ; je ne com-
« bats rien ; mes deux maîtresses pièces vivent de leur grâce en sain et bon
« accord. »

5. Montrer que la lecture des poètes, et surtout des poètes dramatiques, est l'auxiliaire indispensable des études psychologiques.

6. Montrer que le théâtre de Corneille est la mise en action de cette maxime morale :

« Fais ce que dois, advienne que pourra. »

7. Développer cette pensée de Corneille, en l'appliquant à l'éducation :

L'exemple touche plus que ne fait la menace.

8. Expliquer cette parole d'un critique contemporain (M. Nisard) :

« Le jour où le grand Corneille cesserait d'être populaire sur notre « théâtre, ce jour-là nous aurions cessé d'être une grande nation. »

9. Discuter, au point de vue moral, ce jugement d'un critique contemporain sur le caractère de Dorante dans le *Menteur* de Corneille :

« Il y a dans les hâbleries de Dorante une verve, une bonne grâce de « jeunesse qui entraîne... Cette image d'un travers qui côtoie le vice devient « un véritable entraînement. » (M. de Géruzez).

(Quelque exagération dans cet éloge. Dorante n'est pas un Tartufe, mais il compte bien tirer parti de ses mensonges ; et, quand chacun a reconnu sa fourberie, s'il ne rougit pas, il y a quelqu'un qui rougit pour lui, c'est son père.)

10. Expliquer et discuter ce jugement de La Bruyère :

« Corneille est plus moral, Racine plus naturel. »

11. De la morale dans les fables de La Fontaine.

12. Que pensez-vous de cette opinion de Jean-Jacques Rousseau :

« On fait apprendre les fables de La Fontaine à tous les enfants, il n'y « en a pas un seul qui les entende. Quand ils les entendraient, ce serait « encore pis ; car la morale est tellement mêlée et disproportionnée à leur « âge, qu'elle les porterait plus au vice qu'à la vertu. »

13. Expliquer cette parole d'un critique contemporain (Saint-Marc Girardin).

« On peut tirer à volonté des fables de La Fontaine une morale famil-
« lière et médiocre, ou élevée et généreuse ; tout dépend du question-
« neur. »

14. La Fontaine a dit :

« Il faut autant qu'on peut obliger tout le monde :
« On a souvent besoin d'un plus petit que soi. »

La raison sur laquelle La Fontaine appuie la maxime vous semble-t-elle suffisante ?

15. Vous voulez faire apprendre par cœur à vos élèves la fable : *Le loup et l'agneau*. Après avoir lu et expliqué le texte, vous en dégagez la morale, en insistant sur le premier vers :

« La raison du plus fort est toujours la meilleure. »

16. Montrer dans les fables de La Fontaine, par un certain nombre d'exemples, l'intérêt que le fabuliste porte aux faibles et aux opprimés.

17. Montrer que, dans les fables de La Fontaine, la sottise et la vanité sont toujours punies.

18. « Rien ne sert de courir, il faut partir à point. »

Expliquez ce vers de La Fontaine, et faites-en plus particulièrement l'application à la préparation d'un examen.

19. Expliquez cette maxime de La Fontaine :

« Rien de trop. »

Montrez comment elle doit être appliquée dans l'école et dans la vie pratique.

20. Développer cette pensée de Boileau :

« *Le vers se sent toujours des bassesses du cœur.* »

21. Approuvez-vous sans réserve ces paroles d'Alceste :

« Je veux que l'on soit homme, et qu'en toute rencontre
« Le fonds de notre cœur dans nos discours se montre. »

22. Lequel des deux, d'Alceste ou de Philinte, choisiriez-vous pour ami?

23. Quelle est la leçon de morale qui se dégage pour nous de l'étude du caractère d'Alceste dans le *Misanthrope* de Molière?

24. Quelles sont les idées de Molière sur l'instruction des femmes? Est-il vrai qu'il les condamne à l'ignorance?

25. Dans la comédie des *Femmes savantes*, Molière prête ce langage à Philaminte :

> « Le corps, cette guenille, est-il d'une importance,
> « D'un prix à mériter seulement qu'on y pense?
> « Et ne devons-nous pas laisser cela bien loin?

Chrysale lui répond :

> « Oui, mon corps est moi-même, et j'en veux prendre soin;
> « Guenille, si l'on veut, ma guenille m'est chère. »

Que pensez-vous de ces deux opinions? Et que dit la morale à ce sujet?

26. Développer, en prenant pour exemple le personnage d'Harpagon, dans l'*Avare* de Molière, cette maxime d'un ancien :

> « L'avare n'est bon pour personne, il est son plus grand ennemi à lui-
> « même. »

27. Dans la comédie des *Femmes savantes*, Chysale se plaint que, dans sa maison, tout le monde raisonne, et que... « le *raisonnement* en bannit la *raison*. »

Que veut-il dire par là, et comment, d'une manière générale, le *raisonnement* peut-il nuire à la *raison*?

28. Tracer le portrait de l'honnête homme, tel que l'entendait La Bruyère, d'après le cinquième chapitre des *Caractères*.

29. Expliquer cette pensée de La Bruyère :

> « C'est la profonde ignorance qui inspire le ton dogmatique. »

30. Développer cette pensée de La Bruyère :

« *Nous devons travailler à nous rendre très dignes de quelque emploi : « le reste ne nous regarde point, c'est l'affaire des autres* »

31. Expliquer cette pensée de La Bruyère :

« *L'on est plus sociable et d'un meilleur commerce par le cœur que par « l'esprit.* »

32. Développer cette pensée de La Bruyère :

« L'esprit de la conversation consiste beaucoup moins à en montrer « beaucoup qu'à en faire trouver aux autres. »

33. Expliquer cette pensée de La Bruyère :

« Il faut faire comme les autres ; maxime suspecte qui signifie presque « toujours : il faut mal faire, dès qu'on l'entend au-delà des choses pure-« ment extérieures qui n'ont point de suite, qui dépendent de l'usage, de « la mode ou des bienséances. »

34. Discuter ce jugement de La Bruyère :

« Les enfants sont hautains, dédaigneux, colères, curieux, envieux, inté-« ressés, paresseux, volages, timides, intempérants, menteurs, dissimulés ; « *ils ne veulent point souffrir le mal et aiment à en faire.* »

35. Développer cette pensée de La Bruyère :

« *Il y a un* goût dans la véritable amitié où ne peuvent atteindre ceux « qui sont nés médiocres. »

36. L'abbé Fleury disait :

« Laissez l'étude à ceux qui ont du loisir ; quand aux pauvres, aux « ouvriers, ils peuvent se passer de lire et d'écrire. »

Qu'en pensez-vous ?

37. Que savez-vous des idées de Madame de Maintenon sur l'éducation des filles?

(Lire, à propos de ce sujet, les deux ouvrages suivants de

M. O. Gréard : *L'éducation des femmes par les femmes*, et : *Madame de Maintenon, Extraits sur l'éducation.*)

38. Développer cette pensée de Madame de Maintenon :

« Accoutumez-vous à l'humeur des autres, sans espérer de les accoutumer « à la vôtre. »

39. Développer cette pensée de Madame de Maintenon :

« Il n'y a de véritable malheur que d'avoir tort. »

40. Développer cette pensée de Madame de Maintenon :

« Le plus grand de tous les plaisirs est d'en pouvoir faire. »

41. Développer cette pensée de Madame de Maintenon :

« Prenez de bonnes habitudes ; il n'y en a point qui ne deviennent « douces, quelque pénibles qu'elles nous paraissent d'abord. »

42. Expliquer cette pensée de Madame de Maintenon :

« Ne faites jamais dépendre votre bonheur des autres. »

43. Commenter cette pensée de Madame de Maintenon :

« Nous parvenons souvent à ce que nous avons désiré, et nous n'en « sommes pas plus heureux. »

44. Expliquer cette pensée de Madame de Maintenon :

« C'est un mauvais caractère que celui de grand parleur (1). »

45. Discuter cette pensée de Madame de Maintenon :

« Les femmes ne savent jamais qu'à demi, et le peu qu'elles savent les « rend communément fières, dédaigneuses, causeuses, et dégoûtées des « choses solides. »

46. Exposer les vues principales de Fénelon en matière d'ins-

(1) Toutes ces citations sont tirées de l'ouvrage de M. O. Gréard : *Madame de Maintenon, Extraits sur l'éducation.*

truction et d'éducation d'après son traité de *l'Éducation des Filles*.

(Lire, dans l'ouvrage de M. O. Gréard, *l'Éducation des femmes par les femmes*, le chapitre intitulé : *Fénelon*.)

47. Fénelon dit que « dans l'éducation, il faut se contenter de « suivre et d'aider la nature ». Comment entendez-vous l'application de cette maxime?

48. Expliquer cette parole de Fénelon :

« On a un esprit borné, avec un cœur faible et vain, quand on est bien « content de soi et de son ouvrage. »

49. Expliquer cette parole de Fénelon :

« Le moins qu'on peut faire de leçons en forme, c'est le meilleur. »

50. Madame de Sévigné a dit :

« Sans la consolation de la lecture, nous mourrions d'ennui présente-« ment : il pleut sans cesse. »

De son côté, Montesquieu a dit :

« Je n'ai jamais eu de chagrin qu'une heure de lecture n'ait bientôt « dissipé. »

Parler ainsi, est-ce reconnaître le véritable prix de la lecture, et que vaut-elle?

51. Développer cette maxime de Madame de Lambert :

« N'éteignez jamais le sentiment de curiosité. C'est un penchant de la « nature qui va au-devant de l'instruction. »

52. Voltaire a dit :

« J'ai fait un peu de bien, c'est mon plus bel ouvrage. »

Expliquer cette parole en la justifiant par la biographie de Voltaire.

53. Quelles sont, dans le deuxième livre de l'*Emile*, les théories et les observations qui ont le plus attiré votre attention. Exposez librement les réflexions que cette lecture vous a suggérées.

54. Discuter cette parole de J.-J. Rousseau :

« Tout est bien sortant des mains de l'auteur des choses ; tout dégénère « entre les mains de l'homme. »

55. Développer cette parole de J.-J. Rousseau :

« Souvenez-vous qu'avant d'oser entreprendre de former un homme, il « faut s'être fait homme soi-même. »

56. Discuter cette parole de J.-J. Rousseau :

« Nos âmes se sont corrompues à mesure que nos sciences et nos arts se « sont avancés vers la perfection. »

57. Discuter cette parole de J.-J. Rousseau :

« Le luxe, la dissolution et l'esclavage ont été de tout temps le châtiment « des efforts orgueilleux que nous avons faits pour sortir de l'heureuse « ignorance où la sagesse éternelle nous avait placés. »

58. Réfuter cette parole de J.-J. Rousseau :

« Tout patriote est dur aux étrangers ; ils ne sont qu'hommes ; ils ne sont « rien à ses yeux. »

59. Discuter cette parole de J.-J. Rousseau :

« L'enfant sera mieux élevé par un père judicieux et borné que par le « plus habile maître du monde ; car le zèle suppléera mieux au talent que « le talent au zèle. »

60. Expliquer cette parole d'un philosophe contemporain :

« Il faut enseigner le moins possible, et faire trouver le plus possible. »
(H. Spencer).

61. Développer cette pensée :

« Pour être instruite, une femme n'est pas nécessairement exposée à

« devenir une *femme savante*. Si la pédanterie est un ridicule qui parfois « touche au vice, le savoir bien approprié est une force qui le plus souvent « concourt à la vertu. » (O. Gréard).

## 62. Expliquer cette parole :

« Il faut savoir, beaucoup savoir aujourd'hui pour prendre rang, pour « compter, mais ce qui vaudra toujours mieux dans l'homme, c'est « l'homme. » (O. Gréard).

## 63. Développer cette pensée :

« Un peu de science peut rendre une femme pédante; beaucoup de « science la rend modeste. » (A. Mézières.)

## 64. Développer cette pensée :

« C'est une erreur de vouloir faire tenir toutes les études dans le travail « de quelques années de la jeunesse; l'éducation est l'œuvre de la vie « entière. » (O. Gréard).

FIN

# TABLE DES MATIÈRES



5528. — ABBEVILLE, TYP. ET STÉR. A. RETAUX. — 1889.

www.ingramcontent.com/pod-product-compliance
Ingram Content Group UK Ltd.
Pitfield, Milton Keynes, MK11 3LW, UK
UKHW012021240726
13965UKWH00002B/490

9 782013 585132